Weil nur Du zählst!

Ein Buch über Positivität, Überwindung von Blockaden, Achtsamkeit & Selbstakzeptanz - Inspirierende Fragen & Geschichten, die deine wahre Essenz enthüllen

Sabrina Herrmann

© 2023 Sabrina Herrmann

Alle Rechte vorbehalten

Die Rechte des hier dargestellten Buches liegen ausschließlich beim Verfasser.

Eine Verwendung und Verarbeitung des Textes ist untersagt und bedarf in Ausnahmefällen einer klaren Zustimmung des Verfassers.

ISBN : 9798852974334

Inhalt

Schön, dass Sie da sind!	5
Glück und/oder Zufriedenheit	13
Woran erkenne ich, dass ich zufrieden bin	19
Nimm dein Glück selbst in die Hand	25
Gedanklicher und emotionaler Stress	31
Innere Freiheit	35
Freiheit	39
Veränderung	43
Vergangenheit und Selbstreflexion	51
Wer bin ich	55
Warum wir nicht tun, was wir wirklich wollen	63
Ehrlich zu sich selbst sein	67
Annehmen	71
Loslassen	75
Vergeben	81
Was tun mit der Schuld?	85
Selbstliebe	87
Übungen und Skillstraining	97
Quellenverzeichnis und Literaturempfehlungen	127
Haftungsausschluss	130

Schön, dass Sie da sind!

Schön, dass Sie sich für dieses Buch entschieden haben. Das zeigt mir, dass Sie bereit für Veränderung in Ihrem Leben sind.

Ich werde Sie nun ein Stück des Weges begleiten, bestärken und ermutigen.

Manchmal steht man an einer Kreuzung und weiß nicht, in welche

Richtung man gehen soll. Die folgenden Anregungen können den Weg weisen, Entscheidungen erleichtern und Lebenskraft entfachen.

Ich habe oft die Stimmen meiner Mitmenschen gehört:

Die Stimme meiner Mutter sagt: „Das muss ein Mädchen nicht können."

Die meiner Oma sagt: „So bist du nicht richtig."

Die Stimme meines Lehrers im Gymnasium sagt: „Du bist zu verträumt, malst immer herum, anstatt dich auf das Wesentliche zu konzentrieren."

Weitere Stimmen sagen: „Du kannst den sicheren Job nicht für so eine unsichere Träumerei aufgeben. Besser der Spatz in der Hand, als die Taube am Dach."

Du solltest es immer ordentlich haben, falls jemand auf Besuch kommt. Du sollst niemandem zeigen, wie es dir wirklich geht. Mädchen sind nicht wütend. Du musst dich anpassen. Du musst zufrieden sein mit dem, was du hast. Du musst gut gekleidet sein. Du willst zu viel, du redest zu viel, zu wenig, zu laut …

Ich male gerne. Ich schreibe gerne. Und meine innere Stimme sagt: „Das kannst du gut. Du bist richtig, so wie du bist." Das ist ja schön und gut – aber: Immer noch ist da ein kleiner (oder größerer) Zweifler in mir, der mich fragt: Kannst du das wirklich, willst du das wirklich, was willst du? Wer bist du?

Wie kann ich erkennen, welche Stimme „stimmt"? Wie kann ich die eine, klare, richtige und wichtige Stimme erkennen? Wie kann ich sie herausfiltern aus den vielen Stimmen, die mir etwas Anderes weismachen wollen?

Es quälen uns Ängste, nicht so zu passen, wie wir sind. Wofür bin ich hier, was erfüllt mich, was will ich wirklich, wie kann ich das erreichen, wie kann ich meine Bestimmung leben, voller Liebe mich annehmen, glücklich sein und bleiben?

Wir bewerten alles in unserem Umfeld, ja, sogar uns selbst.

Alles ist schwarz oder weiß, richtig oder falsch, auch wir selbst sind manchmal richtig, manchmal nicht. Wir wollen alle das kleine oder größere Glück erleben und festhalten. Wir wollen uns selbst glücklich machen können, unabhängig von unserer Vorgeschichte, unabhängig davon, ob uns in unserer Vergangenheit jemand gesagt hat, wir seien zu dumm oder zu faul.

Im Folgenden werden Sie erfahren, wie Sie die einzige, richtige, klare, wichtige innere Stimme erkennen. Wie Sie auf sie hören können und dadurch Ihren Weg zum Glück finden. Angst und Unsicherheit verhindert oft die Erfüllung von Wünschen und Sehnsüchten.

Sie stehen sich dann selbst im Weg. Durch diesen Ratgeber werden Sie erfahren, wie Sie die eine richtige innere Stimme erkennen können und endlich den Weg zu Ihrer Erfüllung, zu Ihrem Glück finden.

Wenn Sie sich bei folgenden Gedanken ertappen:
- ❏ Bei den Anderen sieht das so einfach aus,
- ❏ Ich werde nie glücklich sein, obwohl ich mir das so sehr wünsche,
- ❏ Ich sage nicht, was ich wirklich denke oder möchte,
- ❏ Ich traue mich nicht, etwas zu verändern,

dann ist dieser Ratgeber jetzt zur richtigen Zeit in Ihr Leben getreten.

Versöhnende Blicke in unsere Vergangenheit gepaart mit wertschätzender Betrachtung und Beobachtung unserer Persönlichkeit werden Sie Ihrem Glück ein großes Stück näher kommen lassen.

Manchmal sind wir in Lebensumständen gefangen, die uns nicht zufrieden machen. Wir sind es gewohnt, so und nicht anders zu handeln. Wir haben es immer so gemacht, die Mutter hat schon als Beamtin gearbeitet, denn das ist ein sicherer Job, den man braucht im Leben. Also wird von uns erwartet, dass wir das auch tun. Sogar wir selbst erwarten das von uns, auch wenn die Tätigkeit nicht wirklich das ist, was man eigentlich machen möchte. Doch das ist egal. Wir bleiben in Gewohnheiten, denn sie bedeuten Sicherheit. Das mit der Sicherheit stimmt wahrscheinlich auch. Sicherheit verhindert Angst. Jeden Monat sein fixes Gehalt und auch Anspruch auf Urlaubsgeld zu haben, ist schon ein gutes Gefühl. Wir haben verschiedene Gewohnheiten. Zum Beispiel unsere Freizeitbeschäftigung, Hausputz, Essgewohnheiten, wann wir Rasen mähen oder Fenster putzen. Wie lange wir schlafen, wie wir uns kleiden, mit wem wir unsere Zeit verbringen, ob wir umweltbewusst sind, was wir von uns erzählen, ob wir zu einem Therapeuten gehen. Kurz gesagt, wie wir unser Leben gestalten.

Wie viel Freiheit gönnen wir uns? Wie sehr lassen wir uns von unserem Bauchgefühl leiten oder sagen wir vielleicht öfter: „Mir geht es, wie die anderen wollen?" Im Folgenden werden wir jeden Winkel unseres Lebens gemeinsam durchleuchten.

Wir werden uns alles ansehen und dann entscheiden, welche Ecke eine Reinigung erfahren sollte, welche vielleicht komplett umgebaut und neu eingerichtet werden muss und welche schon ganz schön ist und so bleiben darf. Um innere Freiheit zu erlangen, bedarf es äußerem Handeln.

Wir werden auch erfahren, wie es gelingen kann, den eigenen Überzeugungen und Gefühlen zu vertrauen. Wir alle sind auf dem Weg der Erkenntnis. Wir können an uns und unsere Entscheidungen glauben und uns vertrauen.

„Wer sich selbst treu bleiben will, kann nicht immer anderen treu bleiben."
(Christian Morgenstern)

Was unsere inneren Stimmen betrifft, hängen wir da oft genauso fest. Wir haben einen Satz im Ohr, den wir als Glaubenssatz verinnerlicht haben und der uns leitet und lenkt. Meistens sind wir uns dessen nicht bewusst. Wir handeln und denken, wie wir es gelernt haben und wie wir es gewohnt sind. Unser Tun ist häufig von äußeren Umständen gelenkt, wird von anderen Personen vorgegeben. Es wird uns in die Wiege gelegt und dann weiter trainiert, wie wir mit verschiedenen Situationen umgehen. Das kann bedeuten, dass wir in unserem Ich gestärkt werden, wenn die Bezugspersonen, die uns in den ersten Lebensjahren begleiten, auch selbstbewusste, authentische Personen sind, die in der Lage sind, uns wertschätzend anzunehmen, wie wir sind. Oder wir werden unterdrückt und nicht gehört, oder sogar als Person abgewertet. Je nachdem, was unsere Eltern oder andere Bezugspersonen selbst in ihrer Erziehung erlebt haben, entwickeln wir uns in genau dieselbe Richtung. Oder wir machen genau das Gegenteil. Manche Menschen, die extrem angepasst erzogen wurden, schlagen eine Richtung ein, in der sie sich von allen Zwängen befreien wollen, in keinerlei Schema passen und niemals so sein wollen, wie ihre Eltern es vorgelebt haben. Das führt dann aber auch wieder dazu, dass diese Menschen eigentlich auch nicht aus freien Stücken handeln und es hat nichts mit einer freien Entscheidung zu tun, wenn ich genau das Gegenteil von dem tue, was ich gelernt habe.

Die beiden Extreme einer absoluten Angepasstheit oder das Ausleben eines gegenteiligen Verhaltens führen nicht zur inneren Freiheit. Innere Freiheit erlange ich, wenn ich nach meinen eigenen Bedürfnissen suche und dann danach handle. Die Bedürfnisse Anderer zu erfüllen oder auch, es zu vermeiden, sie zu erfüllen, entfernen mich sehr weit von meinem eigenen Selbst. Zum besseren Verständnis möchte ich hier ein Beispiel aus meiner Praxis anführen:

In meine Praxis kommt eine Frau mittleren Alters, wir nennen sie Erika, um Unterstützung für ihr Kind zu erhalten. Sie ist verschwitzt und wirkt etwas nervös, meinen Blicken weicht sie aus. Sie setzt sich ganz vorne auf den Stuhl, als sei sie am Sprung. Sie versucht zu lächeln, aber für mich sieht das nicht authentisch, sondern eher verkrampft, gezwungen aus. Sie hätte große Probleme und brauche dringend meine Hilfe. Der Sohn sei so aggressiv, berichtet sie. Er höre nicht zu, schlage andere Kinder und sei immer so aufgeregt und wild. Sie berichtet, dass sie einen tollen Job hätte, der ihr viel Freude bereitet. Der Beruf gebe ihr Halt und auch ihr Mann. Sie berichtet von einer wunderbaren Beziehung, einer harmonischen Ehe. Nur bei der Erziehung des Jungen seinen sie sich manchmal nicht so ganz einig. Beim Papa funktioniere es super, der Junge tue, was er sagt und er sei bei ihm auch ruhiger. Die Frau berichtet weiters, dass sie sehr erschöpft sei, sie könne sich das gar nicht erklären. Sie berichtet von einem zweiten Job, der ihr auch Spass macht, außerdem würde sie gebraucht. Und dass sie versucht, zu Hause immer alles perfekt ordentlich zu halten. Das sei ihr wichtig. Das sei aber mühsam, da ihr Mann da nicht so großen Wert darauf lege und öfter etwas herumliegen lasse und auch den Sohn nicht so zur Ordnung anhalte. Obendrein gibt es auch in ehrenamtlichen Tätigkeiten eine Menge zu tun, und die Vorbereitung für ihre zwei Jobs nehme sie sehr genau. Da kommt es dann öfter (fast täglich) vor, dass ihr Tag schon um 4 Uhr morgens beginnt, da es sich sonst nicht ausgehe. Ja, warum ist sie immer so erschöpft? Ich beginne einmal bei ihrer Beziehung, denn da hat bei mir so eine kleine Alarmglocke geläutet. Ich nehme meine inneren Alarmglocken sehr ernst, denn sie sagen mir immer: Achtung, da stimmt etwas nicht.

(Vielleicht haben Sie auch solche Alarmglocken? Achten Sie einmal bewusst darauf)

Als sie von ihrer Beziehung berichtete, hatte sie dabei einen ganz traurigen Gesichtsausdruck. Fast so, als würde sie gleich zu weinen beginnen. Außerdem wurde ihre Körperhaltung angespannter. Ich hake also nach und frage, was sie damit meine, wenn sie berichtet, dass sie sich in der Erziehung nicht immer ganz einig sind. Die Frau erzählt, wenn sie eine Meinung hätte, wie zum Beispiel, wohin sie einen Ausflug machen könnten, dann zähle immer das, was der Junge und der Mann wollen, mehr als ihr Wunsch. Sie würde nicht gehört werden. Und wenn sie über etwas diskutieren, steigt der Mann nicht von seiner Meinung ab, er sagt: Das ist einfach so. Und dann würde sie resignieren. Sie trete dann die Flucht nach vorne an und gehe mit dem Jungen ein Eis essen. Ich frage sie, welche Gefühle auftauchen. Sie ist den Tränen noch näher, aber sie schluckt sie hinunter. Sie sagt, ihr mache das nichts aus, denn das sei sie gewohnt. Ich frage sie, woher sie das kenne, ob sie das mit sonst noch jemandem erlebt hätte. Ja, mit ihrer Adoptivmutter. Die hätte gleich getan. Sie hätte auch immer gesagt: „Das ist so und Punkt." Dann hätte sie kein Wort mehr dazu sagen dürfen. Ich sage, dass mich das wütend und traurig machen würde und frage sie, wie es ihr damit ginge. Es geht, meint sie, sie kenne das ja schon. Ich mache sie darauf aufmerksam, dass sie da einen Glaubenssatz verwendet, der sie seit ihrer Kindheit begleitet. Wir beschäftigen uns mit genau diesem Satz. Was bedeutet er? Welche Aussage über sie selbst beinhaltet der Satz? Erika meint, der Satz würde bedeuten, dass sie selbst nicht wichtig sei. Ihre Meinung würde nicht zählen. So war es auch in der Schule. Wenn sie etwas zu sagen gehabt hätte, waren immer die Anderen schneller, da sie zu lange gezögert hätte. Wenn wir also zusammenfassen: Erika hat aus den Erfahrungen in der Kindheit, mit der Adoptivmutter, gelernt, dass sie selbst nicht so wichtig sei. Ihre Worte wurden nicht gehört, beziehungsweise wurden gestoppt. Ich frage sie, wie es ihr damit gehe, das jetzt so klar zu sehen und zu spüren. Erika beginnt zu weinen. Es ist ein verzweifeltes, tieftrauriges, aber auch gleichzeitig befreiendes Weinen. Ich mache sie darauf aufmerksam, dass sie jetzt kein Kind mehr sei. Sie könne für sich selbst entscheiden und für sich selbst sprechen. In der nächsten Zeit beobachtet Erika sich selbst. Wenn es zu einer Situation kommt, in der sie sich machtlos, hilflos (also wie früher als Kind) fühlt, schreibt sie sich das auf und notiert auch die Gefühle dazu, die in diesem Zusammenhang auftauchen. Wir reflektieren dann in jeder Stunde, was da aufgetaucht ist und sehen, dass es meistens in Verbindung zu der wenig wertschätzenden Adoptivmutter steht. Wir finden einen Satz, der jetzt besser zu ihr passt und auf den sie in Zukunft achten will, den sie in ihr Leben integrieren will. Der Satz lautet: Ich bin wertvoll und kann für mich selbst sprechen und entscheiden. Wir festigen diesen Satz mittels Klopftechnik (siehe Übung im Anhang) und auch damit, dass sie ihn sich täglich vor dem Spiegel sagt. Erika ist jetzt täglich damit beschäftigt, sich das bewusst zu machen. In vielen Situationen reagiert sie jetzt anders. Sie kommt langsam aus ihrer Hilflosigkeit heraus. Erika übt achtsamen Umgang mit sich selbst und baut bewusst Zeiten nur für sich selbst in den Tagesablauf ein. Sie sorgt besser für sich selbst. Bewusst für sich selbst zu sorgen führt, wie schon die Formulierung selbst erklärt, zu größerem Selbstbewusstsein. Erika lernt, ihren eigenen Gefühlen zu vertrauen und ihren Gedanken Ausdruck zu verleihen. Sie wird jetzt gehört und auch die Beziehung zu ihrem Sohn hat sich wesentlich verbessert.

Glück und/oder Zufriedenheit

Menschen, die zufrieden sind, strahlen Zufriedenheit aus. Sie sind dankbar, demütig, nehmen alles an, was da kommt, ob Höhen oder Tiefen. Sie können vergeben und loslassen, akzeptieren und Veränderungen zulassen.

> *„Das wahre und sichtbare Glück des Lebens liegt nicht außer uns, sondern in uns."*
> (Friedrich Hebbel)

Glück ist vergänglich. Glücksgefühle erleben wir für einen Moment, Zufriedenheit ist eher ein länger andauernder Zustand, der sich aus unseren Lebensumständen, unserer Befindlichkeit, Gesundheit und allgemeinem Wohlbefinden ablesen lässt.

Als Zufriedenheit wird in der Psychologie ganz allgemein die Übereinstimmung einer bestimmten Erwartung eines Menschen vor einer Handlung mit deren tatsächlichem Erleben danach bezeichnet. Der Grad der Zufriedenheit ist dann abhängig vom Ausmaß der Abweichung zwischen dieser Erwartung und dem Handlungsergebnis.

Zufriedenheit bedeutet, dass man mit dem Hier und Jetzt einverstanden ist. Es gibt keinen Grund, etwas drastisch zu verändern, weil man in seinem Leben alles hat, was man braucht. Es fühlt sich so an, als würde man ausgeglichen durch das eigene Leben gehen und im Inneren Halt und Geborgenheit fühlen.

Adjektivisch ist man zufrieden (etwa mit sich und der Welt). Wenn ich zufrieden bin, bin ich mit mir selbst im Frieden. Ich fühle mich wohl, ich lebe ein Leben, das mich ausfüllt und diese Wärme und Behaglichkeit zieht sich durch mein ganzes Leben.

Sind Sie zufrieden?

Haben Sie sich diese Frage schon einmal gestellt? Haben Sie das Gefühl, dass Sie gerne etwas verändern würden und wissen Sie nicht so genau, wie und wo Sie beginnen sollen? Haben Sie schon Pläne, die Sie dann aber wieder verwerfen, weil sie sich sagen: Das funktioniert ohnehin nicht?

Wir Menschen verfügen über ein großes Potenzial an Energie, aber wir verwenden es nicht. Man könnte sogar fast sagen, wir verschwenden es. Wir verbringen den ganzen Tag im Büro oder als Rechtsanwalt oder vielleicht Zahnarzt oder in einem Möbellager, von 8 Uhr Morgens bis 18 Uhr am Nachmittag, dann graben wir im Garten. Es erscheint äußerst sinnlos und wenn wir nach fünfzig Jahren zurückblicken, fragen wir uns vielleicht, was haben wir mit unserem Leben angefangen? Geld, ständiger Existenzkampf, Überdruss, alles Unglücklich-sein und Frustration und vielleicht von Zeit zu Zeit auch Freuden.

Es scheint so, als gäbe es wenig Gerechtigkeit auf der Welt.

Wenn wir bedenken, wie es auf unserer Erde zugeht, welches Chaos herrscht, Kriege und andere schreckliche Dinge, scheint es nicht möglich zu sein, etwas Optimismus aufzubringen. Es scheint nicht möglich zu sein, miteinander in Frieden zu leben. Oder den Menschen mit Zuneigung und Mitgefühl zu begegnen. Für uns geht es darum, nach Möglichkeiten zu suchen, in dieser Welt, in der es solch eine Unordnung gibt, für uns selbst und mit uns selbst in Einklang zu leben. Ein Leben in dauerndem Streben, Leben in vielen Konflikten, Konkurrenz, Nachahmung und Anpassung wird uns nicht zufrieden machen. Wir wünschen uns ein Leben in Frieden und im Einklang mit uns selbst. Wir stellen uns hier die Frage, ob es möglich ist, ein zufriedenes Leben zu führen. Gelassen und doch lebendig und mit einem Gefühl von Würde und innerer Ruhe. Zufriedenheit mit unserem Ist-Zustand, dennoch, mit Zielen, die uns aber nicht auffressen bei dem Versuch, sie zu erreichen. Haben Sie sich diese Frage schon einmal gestellt?

Wenn man morgens die Zeitung liest, wird man mit all den fürchterlichen Katastrophen konfrontiert, die auf unserer Erde tagtäglich geschehen. Mit all den Berichten von Flugzeugkatastrophen und Giftgasanschlägen, Hungersnöten. Von Menschen, die es zu enormen Höchstleistungen gebracht haben oder der Mutter, die bei einer Spendenaktion um finanzielle Unterstützung bittet, da ihr Mann gestorben ist und sie sich das Leben nicht mehr leisten kann. Wenn man das alles liest, wird einem irgendwie schwindelig. Ich lese schon seit Jahren keine Zeitung in der Früh, da ich meinen Tag nicht mit solchen Botschaften beginnen möchte. Welche Leistung und Energie unser Hirn da aufbringt, um diese schrecklichen Dinge zu verdrängen, ist wieder ein anderes Thema. Denn wir haben danach kein schlechtes Gefühl, der grausame Tod von tausenden Menschen berührt uns nur peripher und wir gehen rasch wieder unserem Tagesgeschäft nach, ohne uns weiter damit zu beschäftigen. Unser Gehirn ist ein Verdrängungskünstler.

Wie können wir nun unsere innere Zufriedenheit finden und erhalten? Ich glaube, dass es neben all den Meditationen, Übungen und Selbstberuhigungstechniken auch noch etwas gibt, auf das wir uns besinnen sollten: unsere Intelligenz! Wir sind alle damit ausgestattet, doch wir vergessen oft, dass wir sie haben. Sie kann uns dazu bringen, gewisse Dinge zu überdenken (meine Intelligenz hat mir, wie schon erwähnt, dringend dazu geraten, die Zeitung am Morgen nicht mehr zu lesen). Wenn uns jemand von etwas zu überzeugen versucht, sei es mittels Werbung, oder politischer Propaganda, dann können wir es einfach so hinnehmen, aber wir können auch unser „Hirn einschalten" und darüber nachdenken, ob das wirklich so sein kann oder ob wir da vielleicht zu etwas gebracht, manipuliert werden sollen. Intelligenz erkennt, was falsch ist, sie versucht auch, das, was falsch ist, auszuschalten. Es ist intelligent, das, was in unserem Leben falsch ist, abzulegen. Aber mit dem Falschen fortzufahren, obwohl man es erkannt hat, das ist dumm. Es schafft Chaos und Unordnung. Intelligenz ist nicht nur der kluge Austausch von Argumenten und dass man seine Meinung vertreten kann. Intelligent ist, wenn man seine Fähigkeiten im Positiven nutzt und damit auch eine innere Zufriedenheit und auch ein Mitgefühl für sich selbst und gegenüber anderen erlangt. Wir sind oft verwirrt und gehen dann von einer Sache zur anderen über. Wir wollen vorwärtskommen und übersehen dabei, dass wir eigentlich rückwärts gehen. Wir nehmen das oft nicht wahr. Intelligenz ist das Erfassen von dem, was wahr ist. Es ist wahr, dass wir oft sinnlos umher hetzen, uns sinnlos verausgaben, sinnlosen Dingen nachrennen, sinnlose Dinge tun, nur weil es alle tun. Hier schalten wir jetzt unsere Intelligenz ein. Die haben wir als Geschenk bekommen, der Mensch zeichnet sich dadurch aus. Der Mensch hat in der Wissenschaft, Medizin, Mathematik und Biologie großes Wissen gesammelt, es gibt große Fortschritte, die uns allen zugutekommen. Es gibt bessere Lernmethoden, wir kommen schneller von einem Ort zum Anderen, wir haben bessere Lebensbedingungen, viele Luxusgüter und Maschinen, die uns unser Leben bequemer machen. Aber wir können uns fragen: Hat uns dieses Wissen und all die Fortschritte inneren Frieden gebracht? Ja, wir sind froh, das alles zu haben. Wir genießen es und bis zu einem gewissen Grad ist es auch ganz in Ordnung. Unser Leben ist um Vieles einfacher geworden als das unserer Urgroßeltern. Wir können unsere Wäsche statt früher mühsam mit der Hand jetzt bequem in der Waschmaschine reinigen, das Geschirr wird auch fast von alleine gespült und ein Auto erspart uns den langen Fußmarsch. Aber wir sollten uns vielleicht überlegen, ob wir dadurch nicht zu bequem werden, ob wir vielleicht manchmal zu Fuß gehen können, anstatt das Auto zu benutzen. Ob wir vielleicht, anstatt Fertigprodukte zu benutzen, uns unser Essen aus frischen Zutaten selbst zubereiten könnten? Wenn es alles gibt, alles, dann werden wir in Versuchung geführt, das alles auch zu nutzen. Hier kommt unsere Intelligenz ins Spiel. Hier können wir uns fragen, was uns wichtig ist. Womit wir unsere Zeit verbringen wollen, was wir essen und trinken und wohin und womit wir uns fortbewegen möchten. Unser Herzkreislaufsystem und unser Bewegungsapparat haben in den letzten Jahren stark gelitten. Der Herzinfarkt und Herzkreislauferkrankungen sind die häufigsten Todesursachen und man kennt kaum jemanden, der nicht unter Rückenschmerzen oder Nackensteifigkeit leidet. Hinzu kommen Antriebslosigkeit, Übergewicht und oft auch eine Art Sinnlosigkeitsgefühl. Wenn wir uns vor Augen halten, wie häufig wir uns vorgegebene Möglichkeiten zunutze machen, wie sehr wir uns anpassen, nachahmen und einer übergeordneten Instanz folgen, darf es uns nicht wundern, dass wir unseren inneren Frieden noch nicht gefunden haben.

Wie kommen wir da heraus, aus dieser Spirale, in der wir gefangen sind? Der Schlüssel ist wieder Selbstbeobachtung und natürlich, unser Hirn einzuschalten, nachzudenken, darüber, was wir wollen, was nicht – und das Wichtigste: eine Entscheidung zu treffen. Hier und jetzt. Wir müssen niemanden fragen, wir brauchen keine Anleitung und auch keine Erlaubnis. Wir dürfen es jetzt sofort anders machen oder eben auch gleich wie bisher – aber es ist UNSERE Entscheidung.

Wir alle sind auch in der Lage, unsere Irrwege und Irrtümer zu erkennen, falls wir uns einmal auf so einem befinden. Das ist nicht schlimm, aber es wäre schlimm, würden wir den Irrweg nicht als solchen erkennen und umkehren oder in eine andere Richtung gehen. Hier sind oft andere wohlwollende Menschen hilfreich, vor allem, wenn man sich verirrt hat. Hilfe anzunehmen, ist keine Schande. Das ist sogar gut und intelligent.

Sie selbst werden beim Nachdenken und bei der Betrachtung Ihres Lebens auf Dinge stoßen, die Ihnen in diesem Zusammenhang mit all dem, was ich bisher beschrieben habe, auffallen, einfallen, vielleicht missfallen. Da können Sie beginnen, selbst aktiv zu werden. Sie können Ihre Intelligenz mitfühlend für sich selbst und auch in mitfühlender Weise für Andere einsetzen. Sie können jeden Tag, jede Stunde, Minute, Sekunde entscheiden, in welche Richtung Sie gehen, welche Nahrung Sie zu sich nehmen, welche Zeitung oder welches Buch Sie lesen. Ob Sie im Supermarkt nebenan oder beim etwas weiter entfernten Bauern einkaufen wollen und ob Sie dort hin mit dem Auto oder vielleicht mit dem Fahrrad fahren. Sie können sich einen Schrittzähler ums

Handgelenk binden oder einfach darauf vertrauen, dass Sie, wenn Sie gut auf sich selbst, Ihre Gesundheit, Ihren Körper achten, schon ausreichend viel Bewegung machen werden. Und Sie können ab sofort nur noch das tun, was für Sie gut und gesund ist - physisch und psychisch. Sie können zu Ihrer Geburtstagsfeier ausschließlich die Menschen einladen, die Sie wirklich mögen und die Ihnen guttun. All das ist Ihre Entscheidung. Ihre ganz ureigene, freie, bewusste Entscheidung. Und die ist in jedem Fall richtig, denn sie ist ja Ihre!

Unsere eigene, innere Entscheidung treffen zu dürfen, macht uns zufrieden. Mit jeder bewusst selbst getroffenen Entscheidung werden wir ein Stück zufriedener. Und nebenbei vielleicht auch fitter, gesünder, schmerzfreier, besser gelaunt, mitfühlender und cooler. Cool sein ist so ein Modewort. Was ist cool, wann bin ich cool? Für mich bedeutet das, dass ich mich nicht so schnell über etwas aufrege, dass ich nicht Dinge, Probleme, Ansichten, die mich nicht betreffen, zu meinen eigenen mache. Mitgefühl und Achtsamkeit sind wichtig, aber wie wir wissen, fängt Mitgefühl mit Anderen bei uns selbst an.

Wenn wir mit uns selbst im Reinen sind, uns mögen und achten, wenn wir uns nicht so sehr emotional beeinflussen lassen, uns nicht überall einmischen und den anderen unsere Vorstellungen aufdrücken, dann dürfen wir uns cool nennen. Finden Sie sich cool? Arbeiten Sie gerade daran, cooler zu werden? Bravo! Super! Dann sind Sie auf dem besten Weg in Richtung Zufriedenheit!

„Die beste Freude: das Wohnen in sich selbst."
(Johann Wolfgang von Goethe)

Woran erkenne ich, dass ich zufrieden bin

Bin ich eher ein Optimist, sehe ich die guten Dinge im Leben?

Habe ich Kontakt mit meinen Freunden, treffe ich regelmäßig meine Verwandten? Macht mir das Freude?

Bin ich dankbar? Dankbar für meine Gesundheit? Für das gute Essen, das jeden Tag auf dem Tisch steht? Für die Möglichkeiten, die ich habe?

Kann ich kreativ sein, kann ich mich entfalten? Kann ich schöne Dinge in mein Leben lassen?

Habe ich Interesse, neue Dinge zu erfahren und zu lernen?

Mache ich genügend Bewegung?

Habe ich genügend Zeit für all diese Dinge?

Ich lade Sie nun herzlich ein, eine Liste zu erstellen, mit allen Dingen, die Sie zufrieden machen und für die Sie dankbar sind.

Die Liste könnte zum Beispiel so aussehen:

Ich bin dankbar für meine Familie.

Es macht mich zufrieden, dass ich mittlerweile eine gute Position in meiner Arbeitsstelle einnehme. Ich bin zufrieden mit mir, bin meistens gut gelaunt und lasse nicht zu, dass ich von Außen beeinträchtigt werde in meinem Ich und in meiner Lebendigkeit. Ich bin dankbar dafür, dass ich so eine gute Beziehung zu meiner Mama habe. Und dass sie gesund ist. Ich bin auch dankbar dafür, dass ich in die Natur hinaus gehen darf, für mein Essen zu Mittag und das gemütliche gemeinsame Abendessen. Für all das, was wir miteinander als Familie erleben dürfen, für ein Lächeln von der Verkäuferin beim Supermarkt und ich bin auch dankbar, dass es mir so gut geht. Mich macht zufrieden, dass ich Freude bei meinem Job habe, genügend Geld zur Verfügung (ich bin eher bescheiden, kaufe mir schon seit 10 Jahren keine Kleidung mehr, da ich der Meinung bin, schon ausreichend zu besitzen). Ich ernähre mich vegetarisch, da mein Tierwohlverständnis mir sonst ein ganz schlimmes schlechtes Gewissen machen würde. Es macht mich zufrieden, dass ich da so konsequent bin. Ich bin dankbar für meine kreativen Fähigkeiten, ja, das macht mich auch zufrieden. Meine Liste könnte ich noch unendlich lang weiterführen.

Aber es geht ja nicht um mich, sondern um Sie!

Vielleicht mögen Sie nun beginnen, Ihre eigene, ganz persönliche Zufriedenheits- und Dankbarkeitsliste zu erstellen. Nehmen Sie sich ausreichend Zeit dafür, Sie können auch mehrere Tage daran schreiben, immer wieder etwas ergänzen, langsam vervollständigen. So lange es dauert, dauert es eben. Alles ist in Ordnung, alles darf sein. Erlauben Sie sich, dafür Zeit zu haben.

Es gibt vielleicht einige Dinge, mit denen Sie nicht so zufrieden sind. Viele Menschen sind zum Beispiel oft nicht ganz, oder manchmal auch gar nicht zufrieden mit ihrer Arbeitssituation. Wenn Sie das auch so empfinden, fragen Sie sich: Habe ich Spass an den Aufgaben in meinem Job? Kann ich meine fachlichen Kompetenzen und persönlichen Stärken ausreichend einbringen? Kann ich frei und kreativ arbeiten? Herrscht gute Stimmung im Arbeitsumfeld? Gibt es nette Gespräche, haben wir Spass miteinander? Unterstützen wir uns als KollegInnen gegenseitig? Spricht mein Chef seine Wertschätzung mir gegenüber aus? Bekomme ich genügend Anerkennung? Habe ich faire Arbeitsbedingungen? Ist Gleichbehandlung ein Thema? Werde ich angemessen bezahlt (ganz wichtig!)? Habe ich flexible Arbeitszeiten?

Wenn hier einige Aspekte mit „eher nicht" beantwortet werden oder sogar mit „gar nicht", oder auch ein „na ja, das ist eben so" folgt, ist das schon ein Grund, da genauer hinzusehen. „Es ist eben so" klingt ganz und gar nicht zufrieden. Wir erinnern uns, warum wir hier sind, warum wir uns mit diesem Buch auseinandersetzen: Um Zufriedenheit, Glück und innere Freiheit zu erlangen!

Das beginnt mit Ehrlichkeit zu uns selbst. Ist das wirklich gut, was ich da tue? Oder nur „irgendwie ok"? Mit einem „irgendwie ok" geben wir uns nicht zufrieden. Also, wenn Ihre Antwort auf die meisten Fragen zum Thema Arbeit „ist eh OK" lautet, dann auf, auf! Losmarschieren in Richtung „super", „erstklassig", „erfüllend"!

Wenn Sie in einem Job sind, der sehr wenig der Zufriedenheitsaspekte abdeckt, dann können Sie sich fragen: Was möchte ich tun? Was ist mir im Job wichtig? Möchte ich flexible Arbeitszeiten? Möchte ich mehr Geld verdienen? Alles ist möglich! Wenn wir es uns erlauben, mehr zu wollen. Wenn wir uns nicht zufriedengeben mit dem, was uns eigentlich nicht zufrieden macht! ALLES ist möglich. Ja, das ist so. Wir dürfen nach den Sternen greifen, wenn wir das möchten. Wir dürfen dem Chef sagen, dass wir so gut arbeiten, dass wir jetzt mehr Geld bekommen können. Wir dürfen von unseren Vorgesetzten verlangen, uns wertschätzend zu behandeln, unser Tun zu loben und von den KollegInnen, dass sie freundlich und achtsam mit uns umgehen. Es erfordert Mut, sich einzugestehen, dass etwas nicht gut läuft und noch mehr Mut, etwas zu verändern. Ich möchte kurz einem Thema vorgreifen, von dem wir in diesem Ratgeber noch lesen werden. Dort erfahren wir: Wir sind auf dem Weg von A nach B. Dem Anfang und dem Ende unseres Lebens. Alles, was wir da hinein verpacken möchten, ist möglich, ist in Ordnung, darf sein. Und es darf mit guten, zufriedenstellenden, vielleicht lustigen oder verrückten, schönen, spannenden, glücklich machenden Dingen ausgefüllt werden. Wenn wir also etwas verändern wollen, was uns nicht so ganz zufrieden macht, dann nur zu!

> *„Das Leben gehört dem Lebendigen an und wer lebt, muss auf Wechsel gefasst sein."*
> (Johann Wolfgang von Goethe)

Im Arbeitsumfeld verbringen Sie viel Zeit. Manchmal fast den ganzen Tag. Womit verbringen Sie außerdem Ihre Zeit? Mit einem Hobby? Oder mit Fernsehen? Mit Freizeitbeschäftigung oder Sport?

Haben Sie Freunde, mit denen Sie sich treffen? Oder sitzen Sie zu Hause alleine am Balkon und denken sich, dass es schön wäre, wenn jemand da wäre? Vielleicht ist es aber auch so, dass Sie andauernd angerufen und besucht werden und Sie denken sich manchmal, es wäre doch schön, einfach einmal seine Ruhe zu haben? All das mag stimmen. All das mag gut sein. Super gut. Oder eher nicht so gut. Diese Frage können Sie sich stellen. Gibt es da noch Luft nach oben? In welche Richtung möchten Sie sich bewegen? Wie könnte Ihr Leben aussehen? Ihrer Fantasie ist dabei keine Grenze gesetzt.

Ein weiterer Bereich unseres Lebens ist die Freizeit und die Zeit, die wir mit unseren Familien und Freunden verbringen.

Schauen Sie sich einmal genauer an, was Sie mit Ihrer freien Zeit tun. (Ich gehe davon aus, dass Sie welche haben, ansonsten müssten Sie zuerst beginnen, bewusst freie Zeit für sich selbst zu schaffen)

Freizeit bedeutet Frei-Zeit. In dieser freien Zeit, die mir zur Verfügung steht, kann ich selbst frei entscheiden, was ich tue. Ich kann sie mit Inhalten füllen, die mir guttun. Was tun Sie in Ihrer freien Zeit? Machen Sie sich eine Aufstellung aller Dinge und Unternehmungen. Was steht da oben? Kann man davon etwas streichen? Tun Sie in Ihrer Freizeit vielleicht Dinge, die Stress verursachen? Oder Anstrengung? (ich meine jetzt nicht sportliche Betätigung, die darf ein wenig anstrengend sein)

Sie selbst entscheiden, ob Sie in Ihre Freizeit Aktivitäten packen, die Sie entspannen, die angenehm sind, Stress abbauen, Ihre Kreativität fördern und Spass machen oder ob Sie sich auch in Ihrer Freizeit mit unnötigen Belastungen das Leben erschweren wollen. Ihre Entscheidung! Ihre Verantwortung! Da wir ja gerade gemeinsam auf dem Weg in die innere Freiheit sind, gehe ich aber davon aus, dass Sie Verantwortung für sich übernehmen und Ihr Leben mit angenehmen, wohltuenden Dingen füllen möchten.

Genau so verhält es sich mit Beziehungen: Vielleicht ist es ja schon offensichtlich, dass Sie in einer Beziehung sind, die sich nicht gesund anfühlt und Sie denken schon konkret über Trennung nach. Vielleicht ist es aber so, dass Sie ein latentes Unbehagen in sich fühlen, aber nicht genau wissen, woran das liegt. In der langjährigen Paarbeziehung verhalten sich Menschen oft gleich, wie sie es mit vielen anderen Gewohnheiten tun: Sie behalten lieber etwas Schlechtes, Vertrautes, als etwas Neues, Ungewisses in Angriff zu nehmen.

So leiden wir lieber mehr oder weniger still vor uns hin, als für uns selbst Verantwortung zu übernehmen. Wenn ich mir ganz sicher bin, wie ich mir ein Leben mit einem anderen Menschen vorstelle, muss ich mir zuerst einmal ganz sicher sein, wie ich mir ein Leben mit mir selbst vorstelle. Manchmal stürzen sich Menschen in eine Beziehung, um vom Partner das zu bekommen, was sie sich selbst nicht geben können. Das ist eine Voraussetzung, unter der eine Beziehung zum Scheitern verurteilt ist. Wenn ich auf den Märchenprinzen warte, der mich rettet, da ich es selbst nicht kann, werde ich mit der Zeit leider erfahren, dass dieser sich relativ schnell von einem Prinzen in einen schleimigen Frosch verwandeln wird. Auch wenn es zuerst den Anschein macht, der strahlende Ritter sei endlich gekommen. Diese Entwicklung ist unaufhaltsam. Sie ist vorprogrammiert, und zwar von mir selbst. Wenn ich nicht weiß und sagen kann, was gut für mich ist, wie kann es jemand Anderer wissen? Niemand kann Gedanken lesen und Gefühle schon gar nicht! Wir sollten also mit Paarbeziehungen warten, bis wir uns selbst in einem Zustand befinden, in dem wir eigentlich niemanden brauchen, damit es uns gut geht. Es sollte nur ein: „Ich will dich" in unserem Beziehungsvokabular vorkommen und niemals ein: „Ich brauche dich."

Uns ist jetzt bewusst geworden, dass wir ganz alleine dafür verantwortlich sind, wie es uns geht, wie wir uns fühlen, wie wir in unserem Leben vorankommen, was wir aus unserem Leben machen.

Kommen wir also wieder zurück zu uns selbst.

Was mag ich, was nicht? Wer bin ich, was sind meine Wünsche und Bedürfnisse? Ich darf alles wollen und wünschen. Ich darf immer ich sein. Ich bin schön so wie ich bin. Ich bin klug, nett (wenn ich möchte) und kann viel. Alls das mag ich gerne an mir und ich mag auch, dass ein Partner oder einfach die Menschen, mit denen ich mich umgebe, das erkennen und wertschätzen. Darauf bestehe ich, ansonsten dürfen diese Menschen nicht in meine Nähe kommen! Ja, so ist das! Wer mich nicht schätzen kann, wie ich bin, der hat in meinem Leben nichts zu tun. Ich muss mich nicht verändern und verbiegen, wie ich glaube, dass mich die Anderen haben wollen. Ich habe Verantwortung für mich. Ich verändere mich für mich, wenn ich das will. Aber ich bin ich. Und das ist genug.

Nimm dein Glück selbst in die Hand

Wir wissen: Für unser Wohlbefinden, unsere Zufriedenheit und unser Glück ist es notwendig, dass Körper, Geist und Seele zusammen harmonieren. Wir können selbst dafür sorgen, dass es den Dreien gut geht. Wenn wir auf unseren Körper achten, unseren Geist nähren und uns selbst wertschätzen, haben wir schon gewonnen. Es braucht nicht viel, wir müssen uns dessen nur bewusst sein und darauf achtgeben. Wie kann ich das tun? Besser gesagt, was kann ich selbst dazu beitragen, dass sich mein Körper, mein Geist und meine Seele miteinander wohlfühlen? Man hört immer wieder von Extremsportlern, die ihre wunden Seelen befreien, indem sie einen Berg mit dem Fahrrad erklimmen. Von extrem übergewichtigen Menschen, die Essen als Abbau von Stress benutzen und die dann durch ganz strenges Fasten und Hungern in kürzester Zeit viel abnehmen. Und wir hören und lesen von Experten, die durch ihr Wissen Andere beeindrucken, um ihr Selbstbewusstsein aufzupolieren. So meine ich das nicht.

Wenn wir Sport machen, und das ist sicher hilfreich und wichtig für unseren Körper, für unser Herz Kreislauf System, auch für die psychische Gesundheit, dann nur so, wie es uns Spass macht. Finden Sie für sich selbst heraus, welche Sportart Sie mögen, wie oft, wo und mit wem Sie diese ausüben wollen (mehr dazu erfahren Sie in einer Übung im Anhang).

Wenn wir uns gesund ernähren (auch dazu finden Sie Anregungen bei den Übungen im hinteren Teil), dann hat das vielleicht auch den Nebeneffekt, dass wir an Gewicht verlieren, wenn wir das möchten. Aber auch da gilt: Gesund zu essen bedeutet nicht, zu hungern oder nur noch an einer Karotte täglich zu nagen. Es muss von allen Nährstoffen etwas dabei sein. Ich zum Beispiel ernähre mich seit Jahren vegetarisch und brauche immer wieder etwas Vitamin B 12 zusätzlich in Tablettenform, da man das hauptsächlich mit Fleisch zu sich nimmt.

Ich möchte hier einige Dinge aufzählen, die Sie tun können, um im Einklang mit Körper, Geist und Seele zu gelangen, beziehungsweise zu bleiben:

Wie gesagt, ist Sport ein wichtiger Baustein.

Eine gute Übung, die Sie Ihr ganzes Leben fortführen können, wenn Sie möchten und Ihnen dann noch etwas einfällt, ist zum Beispiel, dass Sie sich jeden Tag etwas Neues überlegen, wofür Sie dankbar sind, was Sie glücklich macht, was Sie besonders freut. Wirklich täglich etwas Neues. Und dann kann man sich das aufschreiben, in ein kleines Notizbuch zum Beispiel. Mit der Zeit haben Sie dann eine wunderbare Sammlung von positiven Dingen.

Sie können sich auch Dinge aufschreiben, die Sie belasten und diesen Zettel dann verbrennen oder als Papierschiffchen den Fluss hinuntertreiben lassen. Das dient dazu, unangenehme Erfahrungen, Gefühle, was auch immer Sie belastet, loszulassen und befreit die Seele. Sie können sich selbst umarmen und im Spiegel anlächeln und beim Putzen mit lauter Musik durchs Haus tanzen.

Ein Ritual, das wirklich unbedingt zur täglichen Routine gehört wie das Zähneputzen ist, dass Sie sich in der Früh, Mittags und Abends je mindestens 10 Minuten NUR für sich selbst Zeit nehmen. Sie können etwas lesen, etwas zeichnen oder malen, stricken, mit dem Hund spazieren gehen, was immer guttut und Spass macht. Diese Zeit gehört nur Ihnen ganz allein. Ich mache zum Beispiel jeden Tag in der Früh ein Kreuzworträtsel und ein Sudoku Rätsel.

Sie können sich auch angewöhnen, alles positiv zu formulieren. Meine Mutter zum Beispiel mit ihren 80 Jahren startet jede WhatsApp-Nachricht, die sie mir schickt, mit einem: "Juhuuuu, die Sonne scheint", oder "Juhuuuu, ich habe gut geschlafen."

Natürlich können Sie das in Ihrer eigenen Art formulieren, aber positiv. Sie können ganz bewusst auf Ihre Wortwahl achten. Ob Sie jemandem etwas erzählen, oder sich selber Gedanken machen, etwas schreiben oder mit jemandem in einen Dialog treten, Ihre Wortwahl kann immer positiv sein.

Sie können lächeln, wann immer Sie daran denken. Da sind wir jetzt beim Thema „daran denken" angelangt. Sie werden in Ihrem gut gefüllten Tagesablauf nicht so viel Gelegenheit haben, sich selbst zu beobachten, daher ist es hilfreich, sich kleine Notizen zu machen. Ich kann zum Beispiel am Spiegel anbringen: Umarmen und lächeln, 10 Minuten Zeit nehmen, beim Esstisch oder an der Esszimmertüre könnte hängen: Heute schon einen Apfel gegessen und genug getrunken? Und außen am Kalender klebt eine Notiz mit der Aufschrift: Etwas Neues, Positives finden.

Je bewusster wir sind, je besser wir uns selbst beobachten, je mehr Zeit wir uns dafür nehmen, desto besser können wir für uns sorgen. Wenn ich so sehr im Hamsterrad stecke, dass mir nicht einmal mein Name einfällt, wenn mich jemand schnell danach fragt, dann kann ich mit Sicherheit nicht gut auf mich achten.

Wichtig ist es auch, dass ich Grenzen ziehe. Wenn ich mir meiner eigenen Grenzen bewusst bin, kann ich auch danach handeln. Ich umgebe mich zum Beispiel nur mit Menschen, die mir guttun.

Ich tue nur Dinge, die ich wirklich tun will und verändere auch einmal etwas in meinem Leben, wenn es nicht mehr zu mir passt. Es ist notwendig, nein zu sagen zu Dingen, die nicht gut für mich sind und ganz bewusst ja, wenn es gut passt. Wichtig ist auch, sich selbst zu verzeihen. Wir tun manchmal Dinge, die wir jetzt im Nachhinein anders machen würden. Vielleicht, weil unsere Einstellung dazu sich verändert hat, oder weil wir zu diesem Zeitpunkt nicht so ausgeglichen waren, wie wir es heute sind. Dann tun wir vielleicht unabsichtlich jemandem weh, weil wir zornig und unzufrieden sind. Das dürfen wir uns selbst verzeihen. Wir dürfen uns sagen, dass wir zu dem Zeitpunkt in einem Zustand waren, in dem wir uns selbst nicht wohlgefühlt haben. Wir versuchen ab jetzt, in uns einen Zustand zu erzeugen und aufrechtzuerhalten, in dem wir mit uns selbst zufrieden sind. Wir sind dankbar und ausgeglichen. Wir sind glücklich und fühlen unseren inneren Frieden. Immer mehr, jeden Tag, wird es spürbarer. Da wir uns jetzt auf diesem Weg befinden, der ganz direkt in unsere Mitte führt, können wir auch Dinge, die in der Vergangenheit passiert sind, anders betrachten und hinter uns lassen. Wir lassen los. Wir können loslassen, ohne zu vergessen. Wir erinnern uns daran, was unsere Wurzeln sind, aber wir verweilen nicht mehr in der Vergangenheit. Die Vergangenheit ist vergangen, wir sind ganz im Jetzt. Wenn wir zurückblicken, dann voller Dankbarkeit dafür, was wir erleben durften. Denn es hat uns zu dem Menschen gemacht, der wir jetzt sind. Es hat uns stark gemacht, hat uns gezeigt, was wir alles schaffen dürfen, welche Kraft eigentlich in uns steckt. Dafür sind wir dankbar und drauf sind wir stolz. Mit diesem Bewusstsein wird es viel leichter, Vergangenes, das vielleicht nicht so schön war, zurückzulassen, loszulassen, so sein zu lassen. Sein lassen ist das Schlüsselwort. Jetzt können wir uns betrachten, uns auf die Schulter klopfen. Bravo! Großartig! Das hast Du alles geschafft. So stark bist Du! Es schadet nicht, sich selbst ab und zu einmal zu loben. Denn wir haben es verdient!

Das ist unser Schlüssel zum Glück. Wir sind so stolz, wir selbst zu sein. Ich bin stolz auf mich! Sie können es auch sein. Jetzt sagen Sie vielleicht: „Aber ich habe ja gar nichts gemacht, worauf ich stolz sein kann." Doch, haben Sie! Sie haben sich diesen Ratgeber gekauft. Davor hatten Sie vielleicht das Gefühl, etwas verändern zu wollen oder zu müssen. Vielleicht ist es Ihnen nicht so gut gegangen. Aber Sie haben ganz bewusst etwas getan, damit es Ihnen besser geht. Sie haben schon einen ganz großen Schritt gemacht. Das ist großartig! Also können Sie auch schon damit beginnen, auf sich stolz zu sein. Vielleicht fallen Ihnen ja noch ein paar Dinge ein, auf die Sie stolz sind. Dann können sie sich die notieren. Schreiben Sie diese Dinge doch einfach in Ihr Notizbuch, in dem auch schon steht, wofür Sie dankbar sind. Viel Spass damit, das Glück ist schon da!

Schreiben Sie in Ihrem Notizbuch auf, was glücklich Sein für Sie bedeutet:

Was brauche ich, um glücklich zu sein, welche Gefühle machen mich glücklich, mit wem kann ich mein Glück teilen, was kann ich aktiv tun, um mein Glücksgefühl zu vermehren.

Mit dieser Übung können wir unsere Gedanken und Emotionen vor Stress schützen. Im Folgenden werden wir mehr darüber erfahren, was wir für unsere Psychohygiene tun können.

Gedanklicher und emotionaler Stress

Sie haben sicher schon davon gehört, dass Stress auch körperliche Symptome hervorrufen kann. Viele Menschen klagen über Magenbeschwerden, Migräne, Verdauungsprobleme, Herzbeschwerden, chronische Schmerzen oder auch Tinnitus. Auch Depressionen können durch Stress entstehen. Wenn eine seelische Ursache der Grund für körperliche Beschwerden ist, dann sprechen wir von Psychosomatik. Negative Gedanken oder Emotionen verursachen dann körperliche Beschwerden. Auch bei schwerwiegenden Gesundheitsproblemen wie zum Beispiel Herzerkrankungen kann es durch Stress zu Verschlechterung des Zustandes kommen.

Psychosomatische Erkrankungen sind also Erkrankungen des Körpers, die durch seelische Faktoren ausgelöst werden können. Die körperliche Erkrankung und die psychische Komponente sind hierbei untrennbar miteinander verbunden. Das bedeutet, ein Teil der Ursache für die Erkrankung ist immer im psychischen Bereich zu finden.

Am häufigsten leiden Menschen in diesem Zusammenhang unter Kopfschmerzen, Migräneattacken. Weitere bekannte psychosomatische Erkrankungen sind Essstörungen, Luftnot, Haarausfall, Panikattacken, Rücken-/Nackenschmerzen, Herzrasen, Übermüdung.

Über 80 % der Menschen leiden im Laufe ihres Lebens an psychosomatischen Beschwerden. Mit der Zeit verschwinden die Beschwerden aber meistens wieder. Wenn Sie allerdings andauernd unter Stress stehen und sich wenig Zeit für Auszeiten nehmen, kann es passieren, dass aus diesen vorübergehenden Beschwerden ein chronisches Leiden wird.

Manchmal drehen wir uns im Kreis. Unsere Gedanken beschäftigen sich mit Sorgen, negativen Gefühlen wie Ärger, Angst, Schuld, Trauer und haben uns fest im Griff. Diese Gefühle sind dafür verantwortlich, dass unsere Gehirnwellen sich verändern. Dadurch wird des schwer, sich zu entspannen. Der Körper ist in Bereitschaft. Es werden Stresshormone freigesetzt. Wenn wir in Gefahr sind, reagiert der Körper mit Flucht, Erstarren oder Kampf. Wir können uns dann schlecht auf unsere Kreativität konzentrieren und der Körper braucht all seine Energie, um diese Stresshormone in Zaum zu halten. Auch die Verdauung wird dadurch vernachlässigt. Weiters verursacht körperliche Überanstrengung, Alkohol oder Nikotin ebenso Stress, dadurch sind wir dann anfälliger für Erkrankungen und für psychische Schäden wie Burnout und Depressionen. Sie haben sich auf den Weg gemacht, innere Freiheit und Glück in Ihr Leben zu holen. Wir wissen, dass Bewegung wichtig ist. Ebenso wichtig ist es, sich nach dem Sport Pausen zu gönnen. Dadurch kann der Muskel sich entfalten, die gute Wirkung kann sich ausbreiten. Dafür braucht der Körper Zeit. Gleich verhält es sich mit dem mentalen Wachstum. Wir erfahren in diesem Ratgeber viel über uns, unser innerstes Selbst, warum wir so handeln, wie wir es eben gerade tun. Wir sind in Entwicklung. Aber auch das seelische Wachstum braucht Pausen. Daher ist es notwendig, sich zwischendurch zu entspannen. Wenn Sie gezielt Entspannung in den Tagesablauf einbauen, wird sich das auch positiv auf Ihre Stimmung auswirken. Das System kann herunterfahren und anschließend kann das mentale Wachstum fortgesetzt werden. Wir können, auch wenn um uns herum der Puls der Großstadt hämmert, unsere Kinder um uns herumtoben und der Beruf uns fordert, dennoch zwischendurch abschalten: Starten Sie den Tag mit einem gesunden Frühstück, nehmen Sie sich dafür in Ruhe Zeit. Suchen Sie sich einen Platz, der Ihnen Kraft gibt. Einen Ort, zu dem Sie immer wieder hingehen können. Wenn es real nicht geht, kann es auch ein Fantasie-Ort sein. Beamen Sie sich in Gedanken an den Strand in Griechenland und hören Sie in Ihrem inneren Ohr die Wellen rauschen. Hören Sie besser Entspannungsmusik, als sich mit den Social Media Portalen abzulenken. Nutzen Sie regelmäßig Entspannungstechniken. (Eine Liste finden Sie im Anhang), bewegen Sie sich regelmäßig, gehen Sie eher zu Fuß, als in ein Verkehrsmittel zu steigen. Wenn Sie Termine haben, planen Sie genügend Puffer ein, lassen Sie sich Zeit. Achten Sie auf die Bodenhaftung, spüren Sie bewusst Ihre Füße auf dem Boden, kleine Auszeiten und genügend Schlaf tun auch gut. Wenn am Abend Gedanken hochkommen, schreiben Sie die auf und sagen sich: Das hat Zeit bis morgen. Wenn Sie ein Mensch sind, der alles besonders perfekt machen möchte, schauen Sie genau hin, beobachten Sie sich, wo in Ihrem Leben Sie besonders perfekt sein müssen. Betrachten Sie sich einmal von außen. Vielleicht ist es gar nicht notwendig, dass der Sohn die beste Jause der Nordstadt in der Schule mit hat und es ist auch in Ordnung, wenn es einmal Fertiggerichte gibt und das Kind den Babysitter Fernseher in Anspruch nimmt. Ab und zu dürfen wir uns erlauben, einmal so richtig unperfekt zu sein. Das wird Ihnen und auch Ihrem Kind oder wem auch immer in Ihrer Umgebung guttun. Manchmal verlieren wir im wahrsten Sinn des Wortes an Bodenhaftung. Wir funktionieren nur noch und verlieren die Sicherheit, dass uns nichts passieren kann. Ich mache dann manchmal Folgendes: Ich lege mich auf den Boden, ganz flach, einfach auf den Fußboden. Dadurch entsteht Bodenhaftung. Außerdem gibt es ein Gefühl der Sicherheit, denn wenn man schon auf dem Boden liegt, kann man nicht mehr herunterfallen. In dieser Position kann man seinen Träumen freien Lauf lassen. Ich träume so gerne vom Strand. Das tue ich dann. Wovon träumen Sie?

„Gute Gedanken und Optimismus sind wie Vitamine für die Seele."

(Autor unbekannt)

Innere Freiheit

Freier Wille:

Jeder Mensch ist auf dem Weg. Auf einer Reise. Manche Menschen wollen über die Berge in ein anderes Land wandern, manche nehmen den Direktflug. Ich persönlich bin eher der Direktflug Typ. Wir können selbst wählen, wie wir dort hingelangen, wie lange wir fahren, gehen, fliegen wollen. Wir haben die Wahl, die Reiseroute auszusuchen, das bedeutet, in welcher Weise, in welchem Tempo wir von A nach B gelangen. Aber A und B sind vorgegeben. A ist der Beginn unserer Reise, unsere Geburt. B bedeutet dann das Ende unserer Reise. Das ist unser Tod. Eine Tatsache, eine Vorgabe. Wie wir nach B gelangen, ist uns selbst überlassen. Ob wir direkt oder über Umwege marschieren, ob wir langsam oder schnell sein wollen, welche Zwischenstopps wir einlegen, wo wir verweilen, wann wir weitergehen, dürfen wir ganz alleine und selbständig entscheiden.

Wenn wir uns bewusst sind, dass wir uns alle, ja wirklich alle, auf dieser Route zwischen A und B befinden, dass unser freier Wille sich darauf beschränkt, wie wir von A nach B kommen, dass sich alles innerhalb von A und B abspielt, können wir vielleicht unsere Handlungen und Gedanken in eine andere Richtung lenken. Wenn wir auf das Vergängliche blicken, das unweigerlich geschehen wird, auf das wir uns zubewegen, egal, ob wir das wollen oder nicht, sollten wir uns mit dem Lebendigen auseinandersetzen, uns unserer Lebensqualität bewusst werden. Wir können uns jeden Tag, jede Stunde, jede Minute, jede Sekunde bewusst machen.

Bewusst leben, spüren, fühlen, denken. Wir haben die Wahl, ob wir uns mit unnötigen Dingen den Weg pflastern, oder ob wir eine angenehme, freudvolle, sinnvolle Zeit verbringen wollen.

Ich habe einmal mit meiner Mama in der Ambulanz eines Krankenhauses einige Stunden lang warten müssen. Viele der Patienten waren ungeduldig, genervt, ungehalten, haben herumgeschimpft, sind auf und ab gegangen, haben sich beschwert. Meine Mama hatte die Idee, dass wir Stadt-Land spielen könnten. Wir haben also Stifte und Zettel organisiert und begannen zu spielen. Bald bemerkten die Patienten hinter und vor uns, was wir taten und wollten mitmachen. In kürzester Zeit spielte das halbe Wartezimmer Stadt-Land. Es machte richtig Spass und wir empfanden fast Bedauern, als wir schließlich aufgerufen wurden und ins Behandlungszimmer gehen mussten.

Wir haben immer die Freiheit, die Möglichkeit, unsere Zeit auf dem Weg von A nach B mit freudigen Dingen zu füllen. Natürlich geschehen Dinge in unserem Leben, die traurig sind, die uns Angst machen, die Sorgen bereiten. Jeden Moment in unserem Leben bewusst und in der Gegenwart zu leben bedeutet auch, das Schmerzvolle anzunehmen.

Schlimme Erlebnisse in der Kindheit, schwere Krankheit, nicht erreicht zu haben, was man sich vorgenommen hat, sind Dinge, die wir im Moment kaum verändern können. Sie verursachen Schmerz, Enttäuschung und Traurigkeit. Wenn wir akzeptieren, dass das so ist, dass wir nichts tun können, werden wir unser Leiden verringern. Schmerz ist Teil unseres Lebens. Er gehört genauso dazu wie Essen, Trinken, Schlafen, Angst, Freude und Atmen. Manche schmerzvolle Erfahrungen können wir nicht verhindern. Ich meine jetzt nicht, dass wir in einer Opferrolle verharren sollen, und uns in jeder Hinsicht unserem Schicksal ergeben, das sollen wir natürlich nicht! Aber hier geht es um Dinge, die wir nicht verändern können. Vielleicht, weil sie schon geschehen sind oder weil wir wirklich nichts tun können, um etwas zu verändern. Also ist es in diesem Fall notwendig, den Schmerz, worin immer er besteht, sei es eine schlimme Erkrankung oder ein Trauma aus der Kindheit, anzunehmen, wie er ist, ihn zu akzeptieren. Leiden entsteht ja erst dadurch, dass wir den Schmerz nicht akzeptieren wollen, dass wir versuchen, ihn zu bekämpfen. Der Schmerz ist ja soundso da, ob wir wollen oder nicht. Also verursachen wir, dass wir leiden, indem wir krampfhaft versuchen, den Schmerz zu vertreiben. Aber der Schmerz will gesehen, gefühlt und gelebt werden.

Das Leid, das wir damit erzeugen, ist schmerzvoller als der Schmerz selbst. Wir verhindern dadurch, frei handeln zu können. Wir schränken uns in unserem Tun ein und in unseren Emotionen reduzieren wir uns auf Hadern und unglücklich Sein. Wenn wir den Schmerz annehmen, ist das der beste Weg, ihn zu überwinden. Akzeptieren von unveränderlichen Gegebenheiten ist also auch ein Weg in Richtung innere Freiheit.

Unsere Seele hat es eilig
Ich habe meine Jahre gezählt und festgestellt, dass ich weniger Zeit habe, zu leben, als ich bisher gelebt habe. Ich fühle mich wie dieses Kind, das eine Schachtel Bonbons gewonnen hat: Die ersten isst es mit Vergnügen, aber als es merkt, dass nur noch wenige übrig sind, beginnt es sie wirklich zu genießen. Ich habe keine Zeit für endlose Konferenzen, bei denen die Statuten, Regeln, Verfahren und internen Vorschriften besprochen werden, in dem Wissen, dass nichts erreicht wird. Ich habe keine Zeit mehr, absurde Menschen zu ertragen, die ungeachtet ihres Alters nicht gewachsen sind. Ich habe keine Zeit mehr, mit Mittelmäßigkeit zu kämpfen. Ich will nicht in Besprechungen sein, in denen aufgeblasene Egos aufmarschieren. Ich vertrage keine Manipulierer und Opportunisten. Mich stören die Neider, die versuchen, Fähigere in Verruf zu bringen, um sich ihrer Positionen, Talente und Erfolge zu bemächtigen. Meine Zeit ist zu kurz, um Überschriften zu diskutieren. Ich will das Wesentliche, denn meine Seele ist in Eile. Ohne viele Süßigkeiten in der Packung. Ich möchte mit Menschen leben, die sehr menschlich sind. Menschen, die über ihre Fehler lachen können, die sich nichts auf ihre Erfolge einbilden. Die sich nicht vorzeitig berufen fühlen und die nicht vor ihrer Verantwortung fliehen. Die, die menschliche Würde verteidigen und die nur an der Seite der Wahrheit und Rechtschaffenheit gehen möchten. Es ist das, was das Leben lebenswert macht. Ich möchte mich mit Menschen umgeben, die es verstehen, die Herzen anderer zu berühren. Menschen, die durch die harten Schläge des Lebens lernten, durch sanfte Berührungen der Seele zu wachsen. Ja, ich habe es eilig, ich habe es eilig, mit der Intensität zu leben, die nur die Reife geben kann. Ich versuche, keine der Süßigkeiten, die mir noch bleiben, zu verschwenden. Ich bin mir sicher, dass sie köstlicher sein werden als die, die ich bereits gegessen habe. Mein Ziel ist es, das Ende zufrieden zu erreichen, in Frieden mit mir, meinen Lieben und meinem Gewissen. Wir haben zwei Leben und das zweite beginnt, wenn du erkennst, dass du nur eins hast.
Von Mario de Andrade (San Paolo, 1893–1945)

Freiheit

Man kann Freiheit nicht mit den 5 Sinnen wahrnehmen. Man kann sie auch nicht erklären. Ich versuche es trotzdem. Wir alle sind auf der Suche nach Freiheit. Wollen frei sein in unserem Denken, in unseren Handlungen, in unserem Sein? Aber wir sind meistens das genaue Gegenteil. Wir sind abhängig von unzähligen äußeren Umständen. Freiheit ist nichts Materielles. Freiheit ist ein grundlegendes Bedürfnis. Wenn ich innerlich frei bin, kann ich die Freiheit im Außen leben. Was bedeutet das? Es bedeutet, dass wir durch jede Unterdrückung, Bevormundung, durch jede Regel einen Teil unserer Freiheit verlieren. Wenn ich frei bin, nehme ich mein Leben selbst in die Hand. Ich handle eigenverantwortlich. Ich kann mich auch frei dazu entscheiden, Verantwortung abzugeben und für mich Entscheidungen treffen zu lassen, wenn ich mich belastet fühle. Das ist aber auch meine freie Entscheidung. Alles, was ich frei entscheide, ist auch meine Verantwortung. Verantwortung mir oder anderen Menschen gegenüber. Freiheit bedeutet für jeden Menschen etwas Anderes. Ich kann mich frei entscheiden. Ich habe darüber aber auch die Verantwortung. Diese Verantwortung geben wir sehr gerne ab. Unsere Politik ist verantwortlich oder der Arzt. Wenn jemand etwas scheinbar besser weiß und mir vermittelt, dass mir etwas passieren könnte, wenn ich nicht auf ihn höre, bekomme ich Angst. Mit Angst wird in unseren Systemen oft gegen Freiheit und Selbstentscheidungen gearbeitet. Angst ist das Mittel zum Zweck, um eine Masse von Menschen klein, selbst unsicher und entscheidungsfähig zu halten. So werden wir in unserer Gesellschaft manipuliert. Das betrifft sehr viele Bereiche, wie zum Beispiel, was gesund ist - was ich esse, was ich anziehe oder welchen Film ich ansehe, welche Partei ich wähle, ja, sogar welche Meinung ich vertrete.

Ich möchte hier einen kleinen Abstecher zum Thema Angst und Angstbewältigung machen, denn ich finde, dass das jetzt hier wichtig ist. Wenn wir uns weigern, uns zu verändern, da wir uns fürchten, werden wir nicht mit unseren lebendigen Bedürfnissen in Berührung kommen. Wenn wir an alten Gewohnheiten festhalten, alles beim Alten lassen, um nicht einen einigermaßen passenden Zustand aufgeben zu müssen, werden wir bleiben, wie wir sind. Geburtstagswünsche lauten oft: „Bleib so, wie Du bist." Ich selbst empfinde das als Ungeheuerlichkeit! Ich möchte, dass mir jemand Mut zur Veränderung wünscht und nicht Stagnation. Aber so sind wir gestrickt. Besser etwas Gewohntes, halbwegs passendes behalten, erhalten, als sich auf etwas Ungewisses einzulassen. Wie können wir uns aus der Angst befreien, die durch Manipulationsversuche von Menschen in unserem näheren oder weiteren Umfeld geschürt wird? Machen wir uns einmal bewusst: Jemand, der uns mit Angst manipulieren muss, hat selbst vermutlich noch viel größere Angst. Denn er fürchtet, alles zu verlieren, was er sich mithilfe von Anderen aufgebaut hat. Er versucht mit allen Mitteln, andere Menschen an sich zu binden, da er sonst vielleicht Geld, Prestige, Macht verlieren würde. Ein Geschäftsmann, der Vitamintabletten verkaufen möchte, wird das mittels verschiedener Methoden tun. Er erklärt uns, was an den Tabletten gut ist, wofür wir sie verwenden können, was sie uns nutzen. Aber er kann auch betonen, dass es gefährlich sein kann, wenn wir sie nicht nehmen, denn dann könnten wir Schaden erleiden. In allen Medien wird dann beschrieben, wie der Krebs einen auffrisst und der Zustand sich immer mehr verschlechtert, wenn wir diese Vitamine nicht regelmäßig einnehmen. Wenn wir unseren Menschenverstand nicht einsetzen, da der von der Angst vernebelt ist, werden wir das auch brav tun. Wie können wir aber da herauskommen? Wie können wir es schaffen, unsere Widerstandskraft gegenüber Angst machenden Manipulationsversuchen zu stärken? Unser Hirn hat eine gute Strategie, in Notsituationen unseren Körper zu steuern. Wenn wir vor etwas Angst haben, flüchten wir, rennen davon oder erstarren. Das hat schon der Urmensch gemacht, wenn er dem Säbelzahntiger gegenüber stand. Es gibt aber aktuell in unserer Welt keinen Säbelzahntiger, zumindest nicht, dass ich wüsste. Unsere Urinstinkte, zu flüchten, zu rennen und zu erstarren einsetzen zu müssen, haben wir nicht mehr notwendig. Ebenso nicht, uns von irgendetwas, das uns vorgegaukelt wird, beeinflussen zu lassen. Das beste Instrument, das wir haben, um unseren Angstgegner in Zaum zu halten, ist unser Verstand. Und das, was wir in diesem Ratgeber erfahren, hilft auch in hohem Masse dabei, Angst zu besiegen. Unser Selbst zu stärken, in einen inneren Frieden, eine innere Klarheit, zu gelangen. Selbstmitgefühl, Selbstliebe und Zufriedenheit mit sich und der Welt können auch nicht schaden. Das ist wie ein Kochrezept, je nachdem, was ich kochen möchte, gebe ich die Zutaten hinein: Ich möchte innere Freiheit und Glück, dann nehme man einen großen Löffel Selbstliebe, einen Becher Mut und viel kleine Freuden, als Würze noch lächeln und loben. Dankbarkeit und Wohlwollen können ebenso hineingetan werden, wie nach Geschmack eine Prise Glücksgefühl.

Wir selbst haben auch schon einer nahestehenden Person Angst eingeflößt, vielleicht unserem Kind, um es vor einer Gefahr zu bewahren. Wenn Ihnen das jetzt bewusst wird und Sie sich denken, oh Gott, ich habe mein Kind manipuliert oder die Freundin oder jemand Anderen, dann kann ich Sie beruhigen, denn das tun wir fast alle. Aber Sie können es sich bewusst machen und jederzeit damit aufhören. Sagen Sie doch stattdessen demjenigen einfach die Wahrheit, nämlich, dass Sie Angst um ihn haben.

Aber auch schon unsere Eltern manipulieren uns. Sie lieben uns und wollen unser Bestes. Aber sie haben auch ihre eigenen Themen in Bezug auf innere Freiheit. Und wenn man sich vor Augen hält, wie häufig Ratgeber zu diesem Thema gekauft werden, dann kann man auch davon ausgehen, dass nicht sehr viele Eltern ihre innere Freiheit leben und diese Fähigkeit an ihre Kinder weiter geben können. Wir werden in Rollen gedrängt, die natürlich immer mit dem Blick darauf, was denn das Beste für das Kind sei, auf unerbittliche Art und Weise vollzogen, durchgezogen, auf Biegen und Brechen aufrechterhalten werden. Vielleicht hat der Papa einmal das Medizinstudium abgebrochen und die Tochter soll das jetzt an seiner Stelle tun, oder der Sohn soll in den elterlichen Betrieb der Knopferzeugung einsteigen, es wird ihm suggeriert, das sei sein größter Wunsch. Immer wieder fragt er sich, warum er denn so unglücklich sei, er hätte ja alles, was man nur haben kann. Na ja. Wir wissen warum.

Vielleicht sehen Sie sich einmal in Ihrem Bekanntenkreis um. Kommt Ihnen so etwas bekannt vor? Gibt es jemanden, der Dinge tut, die er gar nicht möchte? Ja? Sie selbst auch? Wirklich?

Veränderung

Veränderung ist Fortschritt, ist Entwicklung. Und da es in diesem Ratgeber um innere Freiheit geht, nehme ich mir jetzt die Freiheit zu behaupten, dass wir uns, unser Verhalten und vieles, was wir tun, woran wir bisher festgehalten haben, verändern dürfen und sollen, um innerlich frei sein zu können. Verlassen wir unsere Komfortzone. Schluss mit Bequemlichkeit. Auf in die Zufriedenheit. Gewohntes ist auch mit Wohlfühlen verknüpft. Ungewohntes mögen wir nicht. Deshalb werden wir auch immer in das Gewohnte zurückgezogen. Aber wir müssen uns verändern. Das ist ein wichtiger Bestandteil unseres Lebens. Egal, ob wir in den persönlichen Bereich schauen oder auf den Beruf. Wir brauchen ein Ziel. Ein klares Ziel. Mit genauer Definition, wie das Ergebnis aussehen soll. Setzen Sie sich Ziele. Eines reicht mal vorerst. Behalten Sie es immer im Blick. Und setzen Sie sich auch ein Zeitlimit dafür. Auch den Menschen in Ihrer Umgebung können Sie davon erzählen. Bitten Sie darum, Sie zu unterstützen, sie zu bestärken. Tun Sie das aber nur bei den Menschen, die selbst schon Ziele erreicht haben und Ihnen dann die ganze Sache nicht ausreden wollen, sondern Sie in Ihrem Bemühen bestärken können. Nehmen Sie sich nicht zu viel auf einmal vor. Wenn Sie alles in kleineren Schritten planen und umsetzen, werden Sie bessere Erfolge erzielen. Und Erfolge sind wichtig, damit man das Vorhaben auch durchhalten kann und bestätigen Ihnen, dass Sie sich auf dem richtigen Weg befinden. Sie können dann jeden Tag etwas einbauen, was sie regelmäßig betreiben. Wenn etwas zur Routine wird, wird die Veränderung auch einen festen, sicheren Platz in unserem Leben bekommen. Es ist anstrengend, aber es lohnt sich. Bald wird es sich zeigen. Ich nenne diese Art der Veränderung gerne „Verwandlung". Wir sind immer noch die/derselbe. Aber wir (ver-)wandeln unser Tun, unser Selbstbild, unsere Lebensfreude, unser ICH. Wir sind wie Zauberer, die ein Stück Papier in einen magischen Hut stecken, das dann als wunderschöner Blumenstrauß wieder zum Vorschein kommt. Nur, dass wir uns selbst verzaubern.

Wahrscheinlich sind Sie schon ein Mensch mit Selbstverantwortung. Denn Sie wären sonst selbst kaum hier, um das zu lesen.

Verantwortung zu übernehmen für sich und sein Handeln ist das Wichtigste rund um das Thema Veränderung. Sie müssen sich selbst kümmer. Wenn Sie etwas verändern wollen, wenn wir uns ein richtig gutes Leben erschaffen wollen, müssen wir es selbst in die Hand nehmen. Wenn wir darauf warten, dass das jemand für uns tut, wird vermutlich nicht viel passieren oder zumindest nicht das, was wir wollen. Es ist auch hilfreich, zu akzeptieren, dass die Welt einfach eher ungerecht ist und auch nicht fair. Wir können die Gegebenheiten um uns herum also nur so nutzen, wie sie sind. Wenn wir erwarten, dass Andere in unserem Umfeld sich ändern, werden wir lange warten. Wenn sich jemand verändern müsste, dann wir selbst. An uns, an unseren Handlungen, an unseren Einstellungen. Es gibt sicher auch hilfreiche Menschen in unserem Umfeld, aber da liegt es an uns, uns Hilfe zu holen. Um Hilfe zu bitten. Und dann sollten wir den hilfreichen Personen auch so genau wie möglich erklären, wie sie uns helfen können. Man kann nicht davon ausgehen, dass unsere Mitbürger Gedanken lesen können. Das alles ist anstrengend, aber es wird leichter, sobald wir die Veränderung verinnerlicht haben. Wir pflanzen die Saat, dann können wir ernten. Es ist also notwendig, die eigene Macht, Kraft und Verantwortung für uns zu erkennen und diese auch zu akzeptieren. Wir sind die Kapitäne unseres Lebensschiffes. Niemand sonst!

Es ist unsere Aufgabe, uns selbst um unser Leben zu kümmern. Unsere eigene Aufgabe, dafür zu sorgen, dass es uns gut geht.

Dazu müssen wir genau wissen, was für uns gut ist. Wir sind oft versucht, das zu tun, was Andere um uns herum tun. Sie haben ein Haus, ein Kind, einen Hund? Oder sind Veganer(in) und machen täglich Yoga? Wir orientieren uns an Nachbarn, holen uns Anregungen im Fernsehen oder in Zeitschriften. Wir wählen oft die einfachste Version, die naheliegendste. Das ist nicht so anstrengend, da ist der Widerstand geringer.

Wir denken nicht so viel nach, welche der unendlich vielen Möglichkeiten auf der Welt es für uns gäbe, sondern nehmen das, was gleich da ist. Aber wir sollten uns fragen:

Was brauche und mag ich wirklich? Ganz tief in mir drinnen: gibt es da einen Wunsch, eine Sehnsucht, einen Gedanken, ein Gefühl? Wie kann ich mich lebendig fühlen und vor allem: womit? Was liegt Ihnen wirklich am Herzen? Wovon träumen Sie? Wofür würden Sie alles tun und wie ein Löwe kämpfen, wenn es bedroht würde?

Was können Sie gut, welche Stärken haben Sie? Vielleicht haben Sie schon einige Antworten gefunden. Dann können Sie daraus Ihre Ziele formulieren. Oder Sie erkennen, dass Sie schon in vielen Bereichen so leben, wie es für Sie passt, dass sich einige Bereiche schon lebendig und leicht anfühlen. Vermutlich gibt es da trotzdem noch Luft nach oben. Und es ist notwendig, den Weg achtsam zu gehen. Achtsam und bewusst zu erleben, wie schön es um uns herum ist und das auch bewusst zu genießen. Wir haben manchmal Angst, sind zu bequem, wissen es nicht besser oder haben das Gefühl, bei all den vielen Anforderungen im Alltag gar keine Zeit mehr zu haben, über solche Dinge nachzudenken. Aber das sind eigentlich Ausreden. Ausreden mag ich nicht. Die sind dazu da, uns selbst und Andere zu täuschen. Uns etwas vorzugaukeln. Uns einzulullen. Nein, das ist nicht hilfreich! Also, weg mit den Ausreden! Wir machen uns also auf die Suche: Was gibt es denn alles in der Welt, was mich interessieren würde? Was kenne ich, was vielleicht noch nicht? Vielleicht kommen Sie auf eine Idee, die Sie zuvor nie hatten, wenn Sie sich genauer mit den Möglichkeiten beschäftigen. Und auch damit, wie genau das aussehen könnte. Ich kann mich zum Beispiel genauer mit dem Berufsbild des Donaudampfschifffahrtsgesellschaftskapitäns auseinandersetzen – wahrscheinlich nicht so ganz das Berufsfeld, das Ihnen vorschwebt, aber wenn jemand gerne am Wasser ist und auch gerne Schiffe mag, dann passt es vielleicht. Trotzdem muss ich mir dann noch genauer ansehen, was macht so ein Kapitän genau, wie sind die Arbeitsbedingungen, was verdient er und will ich das wirklich. Wir können ganz neugierig sein, es von allen Seiten betrachten, recherchieren, mit anderen Menschen sprechen, ausprobieren. Je mehr wir wissen, desto bessere Entscheidungen können wir treffen. Das gilt nicht nur für den Beruf, sondern für alle Bereiche unseres Lebens. Welche Freizeitmöglichkeiten gibt es, welche Hobbys oder Sportarten, ich kann neue Rezeptideen kreieren oder meine Wohnung so umgestalten, wie ich es als schön empfinde. Schwarz – weiß oder bunteste Farben, alles ist erlaubt und richtig. Was uns daran oft hindert, ist neben der Unwissenheit auch unsere Bequemlichkeit. Wir sind träge und raffen uns nicht auf. Wir wollen so wenig als möglich Aufwand betreiben. So bleibt dann eben doch alles beim Alten. Es liegt in unserer Natur als Mensch, unser Leben mit möglichst wenig Energie und Aufwand zu betreiben. Das dürfen wir bemerken und akzeptieren. Die Herausforderung ist jedoch, diese Trägheit zu überwinden. Wenn wir ein zufriedenstellendes, freies, wunderbares, selbstbestimmtes, glückliches, gesundes Leben haben wollen, können wir nicht auf dem Sofa sitzen bleiben. Wir können uns aber den Weg dort hin angenehm und die Vorhaben so einfach wie möglich gestalten. Es wird schwierig, etwas Neues in unserem Alltag unterzubringen. Da sind so viele Pflichten und Vorgaben. Es ist dann scheinbar fast nicht möglich, eine neue Sportart, eine Ernährungsumstellung oder welche Neuerung auch immer zu integrieren. Wenn wir uns aber vor Augen halten, wie wichtig es ist, wie notwendig es ist, diese Maßnahmen zu setzen und durchzuhalten, finden wir einen Weg, neue Dinge langfristig durchzuhalten. Dazu ist es hilfreich, sich Routinen zu schaffen. Und dass wir gut planen. Das ist nicht leicht, es erfordert Entschlossenheit und Engagement. Und die Bereitschaft, das jetzt zu tun. Wir können damit beginnen, neue Gewohnheiten im Leben zu etablieren. Wenn etwas zur Routine wird, dann gehört es irgendwann zum Tagesablauf wie das Zähneputzen am Morgen und am Abend. Dann fällt es immer leichter und irgendwann ist es ein fester Bestandteil, über den wir gar nicht mehr nachdenken müssen. Doch bis es so weit ist, sind wir gefordert, unsere Ängste, Bequemlichkeit und Widerstände zu überwinden. Wir dürfen auch Angst haben, das geht jedem Menschen so. Wir spüren die Angst und tun es trotzdem. Manchmal gilt es, ein Gefühl auszuhalten, um es dann endgültig zu überwinden. So verhält es sich auch mit der Angst. Manchmal ist es gar nicht Angst, sondern ein Unbehagen. Aber auch da gilt es: Ich halte es aus, verfolge trotzdem mein Ziel weiter. Dann wird auch das Unbehagen bald weniger. Ganz bestimmt. Als ich noch keine Bücher geschrieben habe, war meine Freizeitgestaltung manchmal eine sehr träge. Ich habe mich am Sofa vor dem Fernseher wiedergefunden und wollte das gar nicht, war sehr unzufrieden mit mir. Aber wenn ich einmal freihatte, nirgends hinfahren musste, war das mein größtes Bestreben: Ruhe, schlafen, fernsehen. Es hat mich höllisch unzufrieden gemacht, aber ich war zu träge, etwas zu ändern. Und je länger ich das betrieb, desto träger und unzufriedener wurde ich. Am Sofa überlegte ich mir oft, dass ich mich doch im Fitnesscenter anmelden könnte, dass ich mir noch eine Aufgabe suchen könnte oder ein Hobby – ich male und schreibe gerne. Aber dann fehlte mir die Energie und ich blieb doch liegen. Sie kennen das sicher auch. Der Geist ist willig, aber der Körper ist schwach. So hat es meine Oma oft formuliert. Und das war nicht wertschätzend gemeint. Damit hat sie uns Kinder immer aus den Federn getrieben, wenn sie meinte, es wäre jetzt genug gerastet. Ich habe viel darüber nachgedacht und mir ist bewusst geworden, dass ich mich wohl in einer Art Widerstand befand. Widerstand gegen die Worte der Oma. Ich habe mir dann selbst gesagt: Du bist kein Kind mehr. Du kannst ganz frei entscheiden, ob du dich ausruhen oder kreativ sein möchtest. Natürlich ist es bequemer, am Sofa zu liegen, aber es macht nicht glücklich! Im Gegenteil. Ich habe also meinen inneren Schweinehund namens Oma vertrieben, und habe begonnen, meine Zeit mit sinnvollen Dingen zu füllen. Schreiben ist mittlerweile ein fester Bestandteil meines Alltages. Es ist so spannend, sich mit den unterschiedlichsten Themen intensiv auseinanderzusetzen. Für mich ist es jetzt sogar sehr wichtig und ich bin erstaunt, wie viel Zeit ich dafür übrig habe und welche Freude es macht, in dieser Weise kreativ zu sein. Mit der sportlichen Betätigung bin ich noch nicht so befreundet, ich gehe zwar mit dem Hund spazieren, aber so richtig Sport zu machen ist nicht mein Ding. Es steht aber auch auf meiner Liste, ich habe nur noch nicht die richtige Sportart für mich gefunden (man kann blöderweise kaum etwas Sportliches im Sitzen ausüben). Aber da bin ich dran! Und Sie? Wo sind Sie dran? Was möchten Sie in Ihr Leben integrieren? Vielleicht Squaredance oder Tango tanzen? Alles ist möglich, wir müssen es nur tun! Ein gutes Leben ist auch anstrengend. Daher ist es wichtig, gut für sich selbst zu sorgen. Wenn wir beginnen, Dinge zu verändern, wird es noch anstrengender. Daher müssen wir schauen, dass wir genügend schlafen, genügend Pausen machen und uns ausreichend bewegen. Vor allem, wenn wir älter werden, ist es wichtig, den Körper in Bewegung zu halten. Ich möchte nicht so eine alte, starre, unbewegliche Frau werden (alt werde ich trotzdem, aber das starr und unbeweglich kann ich verhindern), daher überwinde ich mich doch immer wieder einmal, mit dem Fahrrad durch die Gegend zu fahren. Das macht schon auch Spass. Vielleicht ist es ja meine Sportart? Ich bin noch am Probieren. Um gut auf uns zu schauen, sollten wir auch Entspannung in unser Leben integrieren. Entspannungsübungen oder Yoga sind da für gut. Manchmal haben wir Tage, an denen wir unmotivierter sind, das darf auch sein. Aber wir sollten uns nicht zu oft verleiten lassen, uns nicht zu oft treiben lassen. Nicht zu oft etwas aufschieben oder uns von unwichtigen Dingen ablenken lassen. Sonst schneiden wir uns von unserem guten Leben ab. Wir arbeiten an unserem guten Leben, damit unser Körper und unsere Seele gesund bleiben können. Um motivierter zu sein oder weil es einfach guttut und auch ein menschliches Grundbedürfnis ist, können wir auch andere Menschen mit einbeziehen. Es ist schön, sein Glück mit jemandem zu teilen. Und es ergibt auch Sinn, das zu tun und vielleicht die eine oder andere Sache nicht alleine zu tun, denn manche Ziele lassen sich gar nicht alleine verwirklichen. Es ist leichter, wenn wir uns die Last aufteilen können. Es ist also notwendig, dass wir lernen, uns so auszudrücken, so zu kommunizieren, dass die Anderen uns auch verstehen. Dass sie bereit sind, mit uns zu kooperieren. Das keine Missverständnisse aufkommen und eine Sinn bringende Zusammenarbeit entstehen kann. Das geht jedoch nur mit Menschen, die wirklich zu uns passen. Die gilt es, gut auszuwählen. Wir hören dabei auf unser Bauchgefühl. Wir alle haben die Chance auf ein gutes, erfülltes, super cooles Leben. Es ist kein bequemes Leben, aber es ist unseres. Und (wenn man nicht an die Reinkarnation glaubt), auch unser einziges. Wir haben also die Verantwortung für dieses, unser einziges Leben. Daher werden wir achtsam, bewusst, fürsorglich, zügig und entschlossen umsetzen, was wir soeben erfahren haben. Wir müssen nicht perfekt sein, aber entschlossen uns selbstverantwortlich. Wir sind stark und mutig und lieben unser Leben. Hier kann ich nur noch sagen: Hurrraaaaaa, wir leben!

Also gehen Sie weiter in Richtung Glück. Sie schaffen das!

„Lache das Leben an, vielleicht lacht es zurück."

(Jean Paul)

Vergangenheit und Selbstreflexion

Sie möchten intuitiv und liebevoll leben. Sie möchten Visionen haben und diese verwirklichen.

Das Leben soll erfüllt sein und Sie zufrieden machen. Positive Gedanken und Geschehnisse sollen überwiegen, aber auch schmerzliche, belastende oder anstrengende Phasen sollen bewusst erlebt und verarbeitet werden. Sie möchten selbstbewusst und zielstrebig ihren Weg gehen.

Sie haben den Eindruck, sich selbst dabei manchmal im Weg zu stehen?

Eigentlich finden wir uns gar nicht so schlecht. Der Blick in den Spiegel, unser Chef, sie zeigen, sagen uns, dass es eigentlich eh irgendwie passt. Eigentlich, eh, irgendwie. Aber da gibt es noch den kleinen Mann im Ohr, der meint, es könnte noch besser sein, es sei richtig, weit entfernt von super und der Anblick im Spiegel sei auch verbesserungswürdig.

Oder es ist sogar so schlimm, dass Sie sich gar nicht betrachten wollen, jeden Tag daran zweifeln, ob Sie alles richtig gemacht haben. Oder dass Fehler nur Ihnen und weniger den Anderen passieren. Dass alle auf Sie schauen, Sie kritisch betrachten, da Sie ja so viel falsch machen. Oje! Aber jetzt stehen wir gemeinsam hier an der Kreuzung. Sie haben sich dazu entschieden, sich auf den Weg zu sich selbst zu machen. Schauen Sie sich um. Wohin zeigen die Wegweiser? Einer zeigt in Richtung „Selbstwertgefühl". Der nächste vielleicht in Richtung „Wer bin ich?", einer könnte in Richtung „Was möchte ich" zeigen und der vierte führt nach „Wie möchte ich sein?". Gehen wir mal einfach los. Ich gehe mit. Unser Weg führt uns zuerst Richtung Selbstwertgefühl.

Juhuuuu, ich bin ich! Sie denken jetzt, die spinnt. Aber das ist unser Ziel. Ich bin glücklich mit mir. Ich bin zufrieden, dass ich ICH bin und ich möchte mit niemandem tauschen.

Schauen wir uns einmal um. Was sehen wir? Was hören wir? Was fühlen wir, was riechen, tasten, denken wir? (Dazu empfehle ich eine der Achtsamkeitsübungen im Anhang)

Ich sehe einen Mann auf der anderen Straßenseite. Er geht langsam, seine Hose ist abgewetzt, er trägt Hosenträger. Ein weißes Shirt spannt sich über den fülligen Bauch. Der Mann hat fast keine Haare auf dem Kopf, die Hautfarbe ist eher blass, er trägt eine Brille. Das ist das, was ich sehe. Beim Gehen macht er klappernde Geräusche. Das höre ich. Ich kann nicht wahrnehmen, ob er ein Parfum trägt oder ob er unangenehm riecht, dafür bin ich zu weit weg. Ich kann aber seinen langsamen Gang bemerken. Hat er vielleicht Schmerzen, oder ist er betrunken? Vielleicht ist er krank? Oder traurig? Bestimmt ist er einsam. Vielleicht hat seine Frau ihn verlassen oder er war gemein zu seinen Kindern, sodass die jetzt nichts mehr von ihm wissen wollen. Er lässt sich sicher total gehen, ist arbeitslos und faul. Unendlich viele Vermutungen können auftauchen, je nach unserer eigenen Geschichte und unseren Erfahrungen interpretieren wir und machen aus diesem Mann einen vollkommenen Versager oder vielleicht auch Undercovermillionär. Wir nehmen subjektiv wahr.

Ich sehe, höre, rieche. Punkt. Alles Andere ist Spekulation. Der Mann erinnert uns vielleicht an jemanden? Wir interpretieren. Wir haben Vorstellungen. Diese Vorstellungen haben sich entwickelt. Sie sind gewachsen. Über viele Jahre hatten sie Zeit zu entstehen und sich zu verfestigen in unseren Gehirnen und Seelen. Ich habe sofort Bilder im Kopf. Was ich mit dem Beispiel sagen möchte: Genau dasselbe tun wir auch mit uns – jeder Einzelne von uns tut das mit sich selbst. Wir sehen uns so, wie wir gesehen wurden und werden. Wie wir von unserer Mutter, dem Vater, dem Lehrer, dem Bruder, der Schwester, gesehen wurden, die selbst von ihrer Mutter, dem Bruder, der Schwester, der Lehrerin gesehen und damit in gewisser Weise geformt wurden. Wir wurden bewertet und beurteilt und wir bewerten und beurteilen, kategorisieren und benoten. So werden wir Individuen, die im Außen leben, in der Außenansicht bestehen wollen. Wenn wir uns von der Bewertung distanzieren, dann bleibt der wahre Kern übrig. Wer sind wir wirklich? Was mögen wir, welche Wünsche und Bedürfnisse gibt es? Was ist da unter dieser Hülle, unter dem Panzer, den wir aufgebaut haben? Niemand darf mich nackt sehen. Damit meine ich nicht nur körperlich nackt, sondern auch seelisch. Niemand darf meine Ängste sehen, oder bemerken, wie traurig ich eigentlich bin. Schon gar nicht in der Arbeit. Und schon gar nicht, wenn ich im Sozialbereich arbeite. Mit Menschen, die Unterstützung brauchen. Das geht gar nicht. Da muss ich ja stark sein. Nein, Therapeuten sind nicht traurig, sie haben keine Angst, sie stehen darüber.

Wer bin ich

Mein inneres Ich

Wir Menschen haben nicht nur ein Äußeres, sondern auch ein Inneres.

Darin ähneln oder unterscheiden wir uns.

Sie haben bestimmte Merkmale, die Ihr Inneres ausmacht. Sie haben Interessen und Vorlieben, es gibt Dinge, die Sie gerne haben möchten oder auch gerne tun. Ihr Charakter, Ihre Art, Ihr Wesen sind auch Merkmale, die Sie ausmachen. Auch das, was Sie können, Ihre Fähigkeiten, Ihre Fertigkeiten und Kenntnisse, oder auch das, was Sie nicht so gut können, vielleicht gerne gut können würden, sind Merkmale Ihres Ich.

Machen Sie doch einfach mal eine Sammlung Ihrer Merkmale: Schreiben Sie auf, welche Interessen und Vorlieben Sie haben (zum Beispiel: welche Sportart, welche Fernsehsendung, welches Hobby, welches Urlaubsland, welches Buch, welche Musik, welches Essen)

Sie können auch dazuschreiben, welche Charaktereigenschaften Sie haben. Sind Sie eher offen, oder verschossen, sind Sie traurig oder eher fröhlich, sind Sie lustig oder ernst, gesprächig oder schweigsam, aktiv oder ruhig, pessimistisch oder optimistisch, sorglos oder besorgt, selbstsicher oder unsicher, nachgiebig oder stur. Sind Sie eher kühl oder warmherzig, was macht Sie aus. Notieren Sie sich doch einmal alle Eigenschaften, die auf Sie zutreffen. Ehrlich, beharrlich, unerschrocken, neugierig, freundlich, hilfsbereit, sensibel, misstrauisch, schüchtern, sozial. Was trifft auf Sie zu? Dann können Sie sich auch überlegen, was Sie besonders gut können. Welche Begabungen haben Sie. Vielleicht können sie eine Sprache fließend sprechen, oder wissen viel über Tiere, können gut zeichnen, oder sind sportlich. Machen Sie sich auch hier eine Liste:

Ich bin gut in ...

Manchmal sehen andere Menschen in einem etwas, das einem selbst gar nicht auffällt, fragen Sie mal nach in Ihrem Umfeld, dann können Sie Ihre Liste ergänzen:

Die Anderen meinen, ich bin gut in ...

Sie haben auch Seiten, die nicht so stark sind, nicht jeder ist in allem begabt. Das geht gar nicht. Hier können Sie eine Liste machen:

Was ich nicht so gut kann, was mir schwerfällt. Alles darf sein, es ist in Ordnung, auch nicht so starke Seiten zu haben.

Und dann können wir wieder die Anderen fragen, was sie denken, welche „Schwächen" wir haben und unsere Liste wieder ergänzen.

Wenn Sie sich in dieser Weise mit sich selbst beschäftigen, wird rasch sichtbar, dass Sie etwas ganz Besonderes sind. Ein ganz besonderer Mensch mit einem ganz besonderen Inneren. Sie sind einzigartig. Ihr Inneres ist einzigartig, Ihre Persönlichkeit ist einzigartig. Das ist auch gut so, denn wenn wir alle in unseren Wünschen, Vorlieben, Begabungen und Taten gleich und gleich gut wären, dann gäbe es keine Entwicklung, keinen Fortschritt, es wäre langweilig, denn niemand hätte etwas zu erzählen, es gäbe keine Wettbewerbe und keine spannenden Filme. Zwei Menschen haben nie die gleiche Persönlichkeit. Sogar die Unterschrift unterscheidet sich – sie ist einzigartig.

Juhu, Sie sind einzigartig!

Auch unsere Gefühle und Bedürfnisse können wir in eine Liste verfrachten. Es wird dann oft klarer, was wir uns wünschen, wir können uns sozusagen von außen betrachten und einmal ganz wertfrei alles ansehen. Das schafft uns eine gewisse Distanz zu unangenehmen Gefühlen und auch Klarheit über unsere Person und Befindlichkeiten.

Ich habe untenstehend aufgelistet, welche Gefühlswörter und Bedürfniswörter es gibt. Wenn wir nachdenken, fallen uns als Gefühle Angst, Freude, Schmerz, Trauer, Wut ein. Und Bedürfnisse, die wir kennen, sind: Hunger, Durst, Zuwendung, Liebe. Wir kennen ungefähr 7 Bedürfnisse. Es gibt aber noch viel mehr Gefühle und Bedürfnisse in unterschiedlichen Qualitäten und Verbindungen. Ich habe hier einige angeführt, denn es ist gut, wenn wir eine größere Auswahl zur Verfügung haben. Je präziser wir unseren Zustand, unser Inneres beschreiben können, desto klarer und deutlicher wird für uns, was wir wirklich wollen, wer wir wirklich sind. Und desto lebendiger können wir in unserem Prozess in Richtung uns selbst sein.

Liste der Gefühls - und Bedürfniswörter (Gewaltfreie Kommunikation, Marschall Rosenberg 2001):

Es gibt drei Arten von Gefühlsworten:

- ❏ Gefühlsworte, die auf Bedürfnisse verweisen, welche bereits erfüllt wurden
- ❏ Gefühlsworte, die auf unerfüllte Bedürfnisse hinweisen und
- ❏ Worte, die mehr Interpretation als Gefühle sind und wo es gilt, tiefer nach dem eigentlichen Gefühl zu spüren.

Zu den Gefühlen, die auf erfüllte Bedürfnisse hinweisen, gehören zum Beispiel:

belebt (angeregt, lebendig, aufgekratzt, schwungvoll, begeistert, beschwingt, froh, hingerissen, lustig, vergnügt, verzaubert),

entspannt (ausgeruht, beschaulich, gelassen, gelöst, ruhig, sicher, wohlig, zufrieden, angenehm),

herzlich (wohlwollend, erfüllt, warmherzig, sanft, bewegt, zärtlich, vertrauensvoll, berührt), interessiert (hellwach, kreativ, engagiert, gespannt, fasziniert, inspiriert, neugierig, gefesselt, aufmerksam),

offen (zutraulich, zart, staunend, ehrfürchtig, hingegeben, empfindsam, aufgeschlossen, wach, hoffnungsvoll),

kraftvoll (stark, selbstsicher, nüchtern, motiviert, tatkräftig, zentriert, zuversichtlich, klar, souverän, mutig),

dankbar (glücklich, ehrfürchtig, warm).

Zu den Gefühlen, die auf unerfüllte Bedürfnisse hinweisen, gehören zum Beispiel:

abgeneigt (widerwillig, unbehaglich, widerstrebend),

ängstlich (erschrocken, ohnmächtig, erschüttert, zaghaft),

ärgerlich (irritiert, wütend, empört),

angespannt (unter Druck, geladen, gestresst, verspannt),

einsam (gehemmt, verzweifelt, allein, verloren),

erschüttert (ernüchtert, betroffen, hilflos, fassungslos, bestürzt, gelähmt),

müde (kaputt, erschöpft, teilnahmslos, schwer, schwach, ausgelaugt, verdrossen),

traurig (besorgt, betrübt, durcheinander, kribbelig, deprimiert, unzufrieden, sehnsüchtig, unglücklich, bedrückt, unruhig, ungeduldig, gequält),

unsicher (verlegen, schüchtern, scheu, hin- und hergerissen, verletzlich),

verwirrt (zerrissen, unentschlossen, durcheinander, zwiespältig)

Zu den Interpretationsgefühlen gehören oft Formulierungen wie: „Ich fühle mich" oder „Ich habe das Gefühl, dass du ..."

Hier eine Auswahl an Interpretationen, die eigentlich eine Beurteilung von dem, was jemand tut, aber eigentlich keine Gefühle sind:

vernachlässigt, missverstanden, respektiert, verlassen, ignoriert, provoziert, unwürdig, unter Druck gesetzt, missbraucht, nicht gesehen, ausgenutzt, beleidigt, nicht ernst genommen, nicht unterstützt, unerwünscht, wertlos, abgelehnt, unwichtig, hereingelegt, schuldig, belogen, unbedeutend, manipuliert, gezwungen, angegriffen, unterdrückt, zurückgewiesen, belästigt, eingeengt, nicht gehört, erniedrigt, betrogen, verraten, niedergemacht, übergangen, nicht verstanden, unverstanden, verarscht, beschämt, nicht beachtet

Zu guter Letzt möchte ich noch eine Liste an Bedürfniswörtern anfügen:

Geborgenheit, Entspannung, Würdigung, Anregung, Effektivität, Lebenserhaltung, Sicherheit, Ausgewogenheit, Selbstbestimmung, Menschlichkeit, Glück, Wissen, Spiritualität, Mitgefühl, Integrität, Sexualität, Respekt, Aufmerksamkeit, Achtsamkeit, Selbstverwirklichung, Schutz, Bewegung, Zugehörigkeit, Austausch, Feiern, Verständnis, Liebe, Kongruenz, Spaß, Sinn, Selbstverantwortung, Entfaltung, Autonomie, Wahrhaftigkeit, Aufrichtigkeit, Erholung, Ruhe, Selbstentfaltung, Inspiration, Wachstum, Dankbarkeit, Gemeinschaft, Tiefe, Bewusstsein, Wertschätzung, Verbindlichkeit, Offenheit, Unterstützung, Struktur, Erfahrung, einbezogen werden, Ganzheit, Frieden, Kreativität, Vertrauen, Einfühlsamkeit, Harmonie, Verbundenheit, Nähe, Freiheit, wahrgenommen werden, Entwicklung, Klarheit, Ästhetik, Gesundheit, Individualität, Authentizität, Intimität, Freude, Wärme, Verantwortung.

Vielleicht mögen Sie sich einmal die Worte in Ruhe durchlesen und sich dann heraussuchen, was für Sie selbst passen würde. Wenn Sie viele Gefühle im Bereich der erfüllten Bedürfnisse an sich erkennen, sind Sie auf einem guten Weg. Wir neigen aber auch oft dazu, zu interpretieren. So sagen wir zum Beispiel: Ich fühle mich im Stich gelassen und meinen: „Du hast mich im Stich gelassen", oder wir sagen: „Ich habe das Gefühl, Du bist heute schlecht gelaunt". Damit meinen wir aber vielleicht: „Ich mag nicht, wenn Du schlecht gelaunt bist, da fühle ich mich unbehaglich. Wenn ich mich unbehaglich fühle, wird mein Bedürfnis nach angenommen sein und positiver Beachtung nicht erfüllt." Daher ist es besonders interessant, sich diese Interpretationsgefühle genauer anzusehen. Wenn Sie zum Beispiel sagen, Sie fühlen sich ausgenutzt, gibt es dann ja auch jemanden, der Sie ausnutzt. Wenn das zum Beispiel im Arbeitsumfeld passiert, oder bei Ihren Freunden, vielleicht in Ihrer Beziehung, dann unterstellen Sie Ihren Kollegen, den Freunden oder Ihrem Ehemann, Sie auszunutzen. Vielleicht ist das ja wirklich so, aber es gehören zum Ausnutzen immer zwei. Einer, der ausnutzt und ein zweiter, der sich ausnutzen lässt. Sie könnten auch sagen: „Ich fühle mich unsicher, verletzlich und verlegen. Dadurch bin ich vielleicht nicht klar im Ausdruck meiner Bedürfnisse, sage nicht, was ich möchte und was nicht. Dadurch gebe ich anderen Menschen viel emotionale Gewalt über mich und ermögliche Ihnen, dass sie mich ausnutzen. Sie können aber gar nicht wissen, dass sie das tun, da ich es ihnen ja nicht sagen kann, da ich so unsicher bin, dass ich kaum ein Wort herausbringe. Und ich bin dann aber enttäuscht und verletzt, wenn Andere etwas tun, was ich als ausnutzen empfinde." Manchmal gehen andere Menschen nicht gut mit uns um. Sie sind nicht nett, sie lassen ihren Zorn vielleicht an uns aus oder sie nutzen uns wirklich aus. Dann liegt es an uns, ein klarer Stopp von uns zu geben. Wenn wir das nicht tun, rennen wir halt als Opfer durch die Gegend, das andauernd Gefühlsinterpretationen von sich gibt: Ich fühle mich ungerecht behandelt, ausgenutzt, eingeengt, nicht wertgeschätzt, die ganze Welt ist gegen mich. Eigentlich könnten wir sagen: „Ich will das nicht tun, lass mich in Ruhe, rede freundlicher mit mir". Dazu müssen wir uns aber unserer inneren Gefühlsqualität bewusst sein.

Welche Gefühle habe ich, welche Bedürfnisse sind da, welche Interpretationen tätige ich.

Was möchte ICH? Was brauche ICH? Wer bin ICH?

Wenn Sie sich mit den obenstehenden Gefühlen, Bedürfnissen und Interpretationen auseinandersetzen, werden Sie sich selbst bald klarer sehen, sich Ihrer Handlungen und Gefühle bewusster werden und viel klarer und selbstbestimmter sein. Hilfreich ist es auch, sich mit einer zweiten Person hinzusetzen und für sich selbst und auch gegenseitig die Listen zu erstellen. Nicht nur, dass es Spass macht, man kommt auch besser und schneller auf die Dinge, die wesentlich sind und auf die es ankommt.

Warum wir nicht tun, was wir wirklich wollen

Manchmal hindert uns etwas, das zu tun, was wir möchten. Oder so zu sein, wie wir sein wollen. Was hindert uns? Sehr oft ist es Angst. Wir haben vielleicht Erfahrungen gemacht, die uns gezeigt haben, dass wir äußerst wachsam sein müssen. Vielleicht hatten wir ein schlechtes Erlebnis, bei dem wir uns gefürchtet haben, oder die Oma hat immer gesagt, der Wald ist gefährlich und uns schlimme Szenarien geschildert, aber schlussendlich trauen wir uns jetzt nicht mehr alleine in den Wald zu gehen. Oder wir sind der Überzeugung, dass alles so gut als möglich kontrolliert werden muss, da es sonst aus dem Ruder läuft, da wir vielleicht auch die Erfahrung gemacht haben, dass durch Kontrolle eine gefährliche Situation abgewendet werden konnte. Vielleicht haben manche Menschen auch die Erfahrung gemacht, dass sie in einer gefährlichen Situation beschützt worden sind und dieser Beschützer kompetenter und hilfreicher war, als sie selbst sein könnten. Deshalb begeben sie sich gerne in die Obhut eines Anführers. Wenn wir Angst haben, verwenden wir oft bewusst Strategien, die unsere Angst weniger werden lassen. Wir schauen uns einen Film im Fernsehen an, wir gehen einkaufen oder wir finden unbewusst Dinge, die uns vom Gefühl der Angst ablenken. Manche unbewusste Strategien sind in Ordnung, sie sind harmlos und helfen uns ganz gut. Manche Strategien, die wir unbewusst anwenden, sind jedoch gefährlicher alles die gefürchtete Bedrohung selbst, wenn wir unsere Angst zum Beispiel durch Drogen oder Alkohol zu bewältigen versuchen. Auch das übermäßige Essen, Naschen oder Arbeiten kann eine Bewältigungsstrategie sein, oder, wenn man meint, mit Kontrolle Sicherheit zu erlangen, dann könnte auch das Fasten zum Zweck der Kontrolle über das Körpergewicht fatale Folgen haben. Also wäre es hilfreich, unsere Ängste zu kennen und auch zu wissen, welche Erfahrungen sie auslösen und welche Bedürfnisse dahinter stehen. Hier kommen wir dann zum nächsten Thema, der

Selbstbeobachtung. Zunächst einmal ist aber noch wichtig, auch gesunde Strategien zu kennen, um mit seinen negativen Erfahrungen und daraus resultierenden Ängsten umgehen zu lernen und unser Ziel zu erreichen, so leben zu können, das tun zu können, so sein zu können, wie wir wirklich wollen. Das ist ein großer Schritt in Richtung innerer Freiheit.

Wir tun sehr viel, um uns nicht mit Problemen und Ängsten auseinandersetzen zu müssen, die uns in einen unangenehmen Zustand versetzen. Die ganze Werbung, Medien und Unterhaltungsindustrie sind darauf ausgerichtet. Wir haben unendliche Möglichkeiten, alles, überall einzukaufen, sich Beschäftigungsangebote und Unterhaltung zu holen. Das kostet oft auch Geld und wir brauchen dafür dann einen zweiten Job oder jemanden, der das alles bezahlt. Wir kommen immer mehr in einen Teufelskreis aus unserem Problem mit seinen nicht gewollten, unangenehmen Gefühlen und aus Handlungen, die vom Problem ablenken sollen – und aus der Ablenkung selbst, die uns mehr und mehr über den Kopf zu wachsen beginnt und sich zu einem eigenständigen, weiteren, fast noch schwerwiegenderen Problem zu entwickeln beginnt.

Das ist dann der Punkt, an dem wir spätestens beginnen sollten, aktiv zu werden. Wir können dazu ganz bewusst auf uns selbst schauen, indem wir uns selbst beobachten.

Wir nehmen dazu wieder unseren Notizblock und notieren uns in verschiedenen Situationen, welche Gefühle auftauchen. Wenn es Angst ist, lassen wir sie zu. Wir beobachten, welche Handlungen wir setzen und notieren uns das auch. Sie können sich eine Woche durchgehend in dieser Form selbst beobachten. Lassen Sie sich viel Zeit für diese Selbstbeobachtungsphase. Danach lesen Sie sich Ihre Beobachtungen durch. Sehen Sie ein Muster? Handeln Sie immer ähnlich, wenn es darum geht, Angst zu vermeiden oder einer unangenehmen Begebenheit auszuweichen? Ja? Dann versuchen Sie einmal, Ihre Handlungen zu verändern. Schreiben Sie sich Möglichkeiten auf, wie Sie anders reagieren könnten. Dann tun Sie es. Es wird sich wieder zu Beginn eher nicht so gut und richtig anfühlen, aber wenn Sie es sich angewöhnen, wenn Sie es durchziehen, dann wird sich bald eine neue Herangehensweise etablieren. Das bedeutet, Sie haben sich weiter entwickelt! Ist das nicht schön! So passiert Entwicklung. Und Sie kommen Ihrem inneren Frieden wieder ein Stückchen näher.

Sie können auch beginnen, feste Rituale in Ihren Tagesablauf einzubauen. Die können dem Tag einen festen, sicheren Rahmen geben. Wenn wir immer am Morgen und am Abend meditieren, werden wir neben der inneren Ruhe auch sehr viel Sicherheit fühlen. Einige Übungen dazu finden sie im Anhang unter den Meditationen. Wir sind in einer sehr vereinnahmenden Art und Weise mit der Bewältigung unserer Vergangenheit verbunden. Gefühle der Machtlosigkeit und Hilflosigkeit sind dermaßen vertraut, dass wir gar nicht auf den Gedanken kommen, dass wir etwas Anderes empfinden könnten. Aber wir können! Wir sollen! Wir dürfen! Wenn Sie die Beobachtungen betrachten, die Sie mitgeschrieben haben, werden Sie eine sehr ehrliche Betrachtungsweise von sich selbst erkennen. Das ist der erste Schritt, um Erkenntnis und damit Heilung zu erfahren.

Ehrlich zu sich selbst sein

Damit ich ehrlich zu mir selbst sein kann, muss ich zuerst einmal bereit sein, Dinge so anzunehmen, wie sie sind.

Wir Menschen neigen dazu, Tatsachen zu verdrehen. Es gibt Studien, die besagen, dass wir Menschen hundertmal pro Tag lügen (andere Studien meinen sogar, es sei 200 Mal). Lügen gehören zu unserem Alltag. Sie dienen vorrangig dazu, uns zu schützen. Was wollen wir damit schützen? Unsere Privatsphäre. Oder unseren Selbstwert. Schon seit wir Kinder sind, begleiten Lügen unser Leben. Meistens wird aus Höflichkeit gelogen, oder um den Anderen nicht zu verletzen. Wir wollen meistens damit niemandem schaden. Natürlich gibt es Menschen, die bewusst lügen, um jemandem zu schaden, aber das sind wir nicht. Wir lügen sozusagen, um etwas Gutes zu bewirken. Aber nichtsdestoweniger: Wir lügen. Und zwar nicht zu knapp. Es ist in unserer und auch in anderen Kulturen verwerflich, zu lügen. Das darf man nicht! Das Problem daran ist nicht nur die Lüge selbst, sondern dass wir zu uns nicht ehrlich sind. Wir stehen nicht zu dem, was wir wirklich denken oder fühlen. Wir denken ein „Nein, ich will nicht" und sagen ein: „Es geht nicht, weil". Aber auch, wenn ich Nein meine und Ja sage, lüge ich.

Haben Sie manchmal das Gefühl, Sie müssten sich verstellen? Würden Sie gerne etwas sagen, oder anders handeln, als Sie es tun? Einfach Ihre Meinung sagen, ohne darüber nachzudenken? Oder mal jemandem deutlich sagen, was Sie von seinen Aktionen halten? Wenn es uns gelingt, fühlen wir uns danach meist nicht so gut, so, als wären wir über unsere eigene Courage erschrocken und würden das Gesagte am liebsten wieder zurücknehmen. Aber wenn wir es öfter machen, uns selbst bestimmt durchs Leben bewegen, dass fühlen wir unsere Kraft, unsere Entscheidungen sind dann ganz klar und wir werden voll dahinter stehen. Selbstbestimmung ist so ein Thema. Schon in ganz jungen Jahren wird sie uns eigentlich abtrainiert. Räum endlich das Zimmer auf oder die Karotten musst Du aufessen, die sind gesund. Auch wann wir zu Hause sein sollen oder mit wem wir spielen dürfen, wird für uns festgelegt. Wenn wir jung sind, sind wir in unserer Freiheit noch sehr eingeschränkt. Wenn wir dann junge Erwachsene werden, haben wir das Gefühl, uneingeschränkt alles tun zu können, denn wir dürfen endlich. Wir können uns in den Lokalen herumtreiben und uns volllaufen lassen, bis wir nicht mehr wollen. Das ist ein paar mal richtig gut, aber die Spannung verliert an Kraft mit der Zeit. Dann werden wir uns wieder eher der Ausbildung zuwenden, vielleicht schon bald eigenes Geld verdienen und Verpflichtungen übernehmen. Mit dem Zunehmen der Verpflichtungen wird aber auch unsere Möglichkeit zur Selbstbestimmung geringer. Wir haben dann ein Kind, ein Haus und einen Hund. Und verwickeln uns immer mehr in ein Netz, das uns bindet. Mit dem Hauskauf übernehmen wir die Verpflichtung, Raten zur Schuldentilgung zu bezahlen. Dadurch können wir auch nicht frei entscheiden, dass wir eigentlich nicht mehr n unserem Job arbeiten möchten, sondern lieber ein Kunststudium beginnen würden. Wir fahren vielleicht ein schnittiges Auto und fahren drei Wochen im Jahr auf Urlaub auf einem Kreuzschiff, der Kindergarten ist einer der besten und natürlich dementsprechend kostspielig und wenn ich etwas möchte, dann kann ich es mir kaufen. Aber das nicht auf Dauer nicht glücklich. Wir haben einen Wunsch, ein Objekt gefällt uns, wir möchten es haben. Dann endlich, das Ziel ist erreicht, das Traumauto (der Riesenfernseher, das Designerkleid, oder was auch immer) stehen bei uns zu Hause. Aber sobald wir es besitzen, und einige Male gebraucht haben, nutzt sich diese Freude schnell ab und das Glück verschwindet. Dann brauchen wir wieder etwas Neues, auf das wir uns freuen können. So ist das mit allen materiellen Dingen, die wir erwerben können. Und sie machen auch nicht auf Dauer glücklich. Wir können wieder erlernen, was uns wirklich glücklich macht. Was ist es? Was immer es ist, es muss einen Platz finden in unserem Leben. Was wir dann mit unserem Haus anstellen? Keine Ahnung. Das muss, kann, darf jeder für sich entscheiden. Ob ich weiterhin im Büro arbeite oder auf der Baustelle? Weiß ich nicht. Ich kann alles, aber wirklich ALLES verändern, verbessern, krass weglassen oder liebevoll beibehalten. Ich kann wählen, mit wem ich meine Zeit verbringe und auch, mit wem ich keine Zeit verbringe. Ich kann mich kreativ betätigen oder auf dem Sofa schlafen. Meine Entscheidung. Wir werden nicht so radikal sein. Eigentlich schade. Den Mutigen gehört die Welt, sagt man. Werden Sie mutiger!

Annehmen

Wir tun uns manchmal schwer, Wertschätzung anzunehmen. In unserem Leben kommt es häufig vor, dass wir Anerkennung bekommen für unsere besonderen Fähigkeiten oder auch von Vorgesetzten oder früher den Lehrern, um uns zu befeuern, damit unsere Leistungen besser werden. „Bravo, das hast Du gut gemacht!" hören wir dann und fragen uns, was daran denn so gut sein soll. Wir sollen mit dieser Anerkennung angespornt werden, uns zu verbessern oder noch produktiver zu werden. Ich persönlich sehe die Anerkennung von meinem Chef lieber auf dem Konto. Aber zurück zum Annehmen. Wir tun uns schwer damit, wenn wir wertgeschätzt werden, einfach so, nur weil wir so sind wie wir sind. Wir reagieren oft wenig liebenswürdig auf solche anerkennenden Worte, wir zweifeln daran, ob wir das überhaupt verdienen, glauben nicht daran, dass der Andere das ehrlich meint. Immer war Anerkennung an Bedingungen geknüpft. Warum sollte das jetzt anders sein? Wir können Andere loben und ehrlich empathisch sein, wir können bei Anderen sehen und anerkennen, was für tolle Menschen sie sind und das auch zum Ausdruck bringen. Aber wenn das zu uns jemand sagt, glauben wir es nicht. Lassen Sie uns doch versuchen, einfach mal nur empathisch „Ja Danke" zu sagen, wenn jemand uns Anerkennung und Empathie entgegenbringt. Versuchen wir, uns entgegengebrachte Wertschätzung liebevoll anzunehmen. Manchmal reagieren wir mit Selbstüberschätzung oder mit einer nicht authentischen Demut. Selbstüberschätzung könnte lauten (natürlich sagen wir das meistens nicht laut): „Ja ich bin halt etwas Besseres", falsche Demut könnte lauten (und das sagen wir meistens laut und deutlich):

„Das war doch nichts, war ja ganz leicht, das kann doch jeder." Ich glaube, manchmal fürchten wir uns mehr vor unserer Kraft, unserer grenzenlosen Kraft, als davor, etwas nicht zu können oder wie wir sind, nicht zu passen. Angepasst sind wir erzogen. Nicht zu sehr aufzufallen vielleicht und ganz wichtig: Andere nicht zu stören. Wir sind nicht so wichtig, da wir uns ja nicht so wichtig fühlen dürfen. Wenn das Gefühl aufblitzt, vielleicht ja doch wichtiger zu sein, als die da draußen denken, wird es gleich wieder relativiert. Ich mache mich klein, ich bin ganz winzig, damit ich Dich nicht störe. Wenn wir uns ganz klein machen, damit sich Andere neben uns nicht unsicher fühlen, wo sind wir dann in diesem Moment und vor allem: Wer sind wir dann? In uns allen besteht ein großer Wunsch nach Anerkennung. Vielleicht sogar so etwas wie „Anerkennungshunger". Wir hören so oft, was schlecht läuft, was wir falsch machen, was nicht passt und sehr selten wird darauf geschaut, was gut ist und richtig läuft. In vielen Teams ist die Fehlerkultur etwas, das sich mühsam angeeignet werden muss. Fehler machen dürfen, ist nicht selbstverständlich. Sie setzen sich damit auseinander, erlauben es sich, besprechen, wie man damit umgehen kann, aber ganz tief drinnen denkt dennoch fast jedes Teammitglied, hoffentlich passiert mir kein Fehler. Denn ich glaube nicht, dass das wirklich so ist, wie die sagen. Wenn mir dann etwas passiert, denken Sie ja doch, ich bin zu unfähig für diesen Job und ich kann es nicht so gut. Das denken die garantiert, auch wenn sie jetzt so tun, als wären sie so liberal, so tolerant, als hätten sie so viel Verständnis. Aber wenn es darauf ankommt, werden sie über mich herziehen.

Es ist sinnlos, in Teamstrukturen so etwas wie ein Fehlerakzeptanzkonzept zu erstellen, da mindestens drei Viertel der Teammitglieder (ich denke sogar 90 %) so denken und fühlen, wie eben beschrieben. Wir denken Sie? Wie reagieren Sie? Können Sie Lob und Anerkennung gut annehmen, oder sind Sie eher der „war ja eh gar nicht so schwer" Typ? Überlegen Sie und vielleicht finden Sie eine oder zwei Situationen, in denen Sie so reagiert haben. Ja? Möchten Sie es weiterhin so machen, oder meinen Sie, dass es an der Zeit ist, das jetzt anders zu machen? Wenn Sie der Meinung sind, Sie wollen daran etwas ändern, dann haben Sie gerade den ersten Schritt dazu getan. Sie haben erkannt. Jetzt gilt es, genau aufzupassen. Wenn jemand Sie für Ihre Liebenswürdigkeit oder Hilfsbereitschaft oder wofür auch immer lobt, antworten Sie nicht mehr in gewohnter Weise mit „Das war ja nichts Besonderes, es ist ganz leicht gegangen", sondern nehmen Sie das Lob, die Anerkennung für Ihre Person an. Sie können sich einen Satz zurechtlegen, zum Beispiel: „Ja, Danke, ich bin selbst stolz auf mich", oder einfach nur: „Ja, Danke." Sagen Sie das, wann immer Sie für etwas gelobt werden. Sie werden am Anfang vielleicht das Gefühl haben, überheblich rüber zu kommen, aber das wird schnell besser. Und gewöhnen Sie sich auch an, Ihre Dankbarkeit und Anerkennung anderen gegenüber zum Ausdruck zu bringen. Zum Beispiel bei Ihren Kindern oder bei Freunden oder bei Menschen in Ihrem Umfeld. Wir denken immer, die Anderen wissen das ohnehin, aber es tut nicht weh, es ab und zu auch gesagt zu bekommen. Im Gegenteil. Wenn wir von unserem Anerkennungsdefizit ausgehen, ist es sogar das Beste, das wir für unsere Mitmenschen tun können. Loben Sie Andere. Sagen Sie es, so oft es möglich ist und wann immer Ihnen ehrlich danach zumute ist.

Loslassen

Dinge, die Sie loslassen möchten, sind oft ganz mit unserem Inneren verwoben. Sie haben tiefe Wurzeln und lassen sich nicht so leicht auflösen.

Loslassen – ein großes Thema, ein großes Wort. Ein Thema, dem wir uns mehr widmen sollten und uns selbst regelmäßig fragen: Welche alten Themen in meinem Leben gibt es, an denen ich noch festhalte? Immer wieder, in regelmäßigen Abständen, sollten wir uns das fragen. Wenn wir das machen, können wir Raum für Neues schaffen. Wir räumen sozusagen auf und machen Platz für neue Erfahrungen, neue Erlebnisse, neue Lebensgestaltung. Wir können alles loslassen. Unsere innere Einstellung, unsere Rolle, in der wir gefangen zu sein scheinen. Gefühle, die uns ängstigen oder hindern, Angst, Trauer, Unzulänglichkeit, all das können wir loslassen. Auch Schuld oder Wut.

Wir akzeptieren, dass Veränderungen zum Leben gehören. Manchmal lassen wir uns auch von Gewohnheiten verleiten, die Sicherheit versprechen. Dann tut das Loslassen weh und wir sind vielleicht traurig. Aber erlauben wir uns, zu trauern. Manchmal fühlt sich etwas gar nicht richtig an. Ich habe meine Mutter immer am Abend angerufen. Das ist so. Jeden Tag. Immer mehr habe ich bemerkt, dass mich das eigentlich nervt. Sie hat dann fast eine Stunde geredet, ich bin kaum zu Wort gekommen. Ich habe gar keine Termine ausmachen können oder Treffen mit Freunden, denn da war dieses Pflichttelefonat. Sie ist ja sonst traurig. Hat eh niemanden zum Reden (außer meiner Schwester, bei der sie wohnt, der Nachbarin, der Freundin, der Schwiegermutter meiner Schwester, dem Hund, den zwei Katzen). Ich habe auch Angst, dass sie vielleicht böse auf mich ist, mich für undankbar hält oder lieblos. Dass sie glauben könnte, ich mag sie nicht mehr, oder dass mir Familie nichts mehr bedeutet. Schließlich lasse ich mich auf den Gedanken ein, dass das alles vielleicht gar nicht so ist. Ich mache einige Übungen zum Thema Loslassen (siehe Anhang) und spreche auch mit meiner Supervisorin darüber. Es geht um viel mehr, als einfach nicht mehr zu telefonieren. Es geht darum, dass ich mein Selbstbild der „guten Tochter" aufrechterhalten möchte. Es geht darum, dass ich „brav, lieb und nett" sein möchte, um dafür geliebt zu werden. Was bleibt von mir übrig, wenn ich plötzlich nicht mehr „brav, lieb, nett, aufopfernd, alles könnend, für jeden alles tuend und das auf der Stelle, ohne zu zögern" bin? Wer bin ich dann? Das ist es doch, was mich ausmacht. So kennt und liebt man mich. Dafür werde ich bewundert. Ich bin immer die, die alles für Andere tut. Bevor der Andere noch bemerkt, überhaupt etwas zu brauchen, habe ich es schon für ihn getan. Wenn ich das nicht mehr tue, wofür soll ich dann noch geliebt und bewundert werden? Ich entschließe mich, es trotzdem zu versuchen. Ich rufe nicht mehr an, hebe nicht mehr ab. Es kommen Gefühle hoch, das kann man sich gar nicht vorstellen. So starke Schuldgefühle und ein Druck, der mich fast dazu bringt, wieder zum Hörer zu greifen. Aber ich tue es nicht. Auch wenn es sich grottenfalsch anfühlt, ich greife diesen Hörer nicht an! Ich halte das Gefühl aus. Es fühlt sich ein bisschen wie sterben an. Auch wie versagen, als ob ich alles falsch machen würde. Kurz gesagt: Ich fühle mich schrecklich. Nach einigen Tagen (es darf auch länger dauern, nicht aufgeben!) merke ich, dass das negative Gefühl langsam weniger wird. Ich mache etwas mit einer Freundin aus, die mich schon lange immer wieder gefragt hat, ob wir am Abend etwas trinken gehen, die dann mittlerweile schon aufgegeben hat, mich zu fragen, da ich ja immer telefonieren musste. Ich merke, wie etwas von mir abfällt. Es fühlt sich an wie ein schwerer Stein, den ich um den Hals hängen hatte, der jetzt nicht mehr da ist. Ich fühle mich freier. Ich bin immer noch ich. Ich bemerke, dass mich meine Freunde und Kollegen immer noch bewundern, dass sie mich mögen. Denn ich bin schlau, auch immer noch hilfsbereit, aber ich wäge für mich besser ab, wann ich für wen was tun möchte. Ich habe mir vorgenommen, immer erst dann zu helfen (wenn ich das überhaupt tue), wenn mich jemand darum bittet. Nicht gleich aufspringe, wenn etwas zu tun wäre, sondern in mich hineinhorche und mich frage: Was will ICH? Will ich das jetzt tun? Sehr oft ist meine Antwort: Nein! Einfach nur Nein, ich möchte nicht. Ich hatte früher immer tausend Ausreden parat, warum ich etwas nicht machen kann: Ich habe Rückenschmerzen und kann leider nicht beim Siedeln helfen, mein Hund muss zum Tierarzt, eines meiner Kinder ist krank. Jetzt sage ich einfach: Nein, ich will nicht. Oder: Es passt mir heute nicht, ich brauche Zeit für mich oder möchte mal eine Pause haben. Ja, das darf ich. Hundertprozentig! Zurück zum Telefonat mit der Mutter: Sie hat schon etwas beleidigt reagiert, als ich aufgehört habe, mit ihr täglich so lange zu telefonieren. Sie hat mich gefragt, was los ist, ob es mir schlecht geht oder ob sie etwas falsch gemacht hat? Ich hätte ihr natürlich auch schon von Beginn an alles erklären können, doch dazu fehlte mir der Mut, ich hatte Angst, dass sie mich überreden könnte, doch wieder so zu tun wie immer. So hatte sie halt das Gefühl, dass sie etwas getan hat, das mich verärgert hat. Ich erklärte ihr alles, versuchte, ihr verständlich zu machen, dass man sich auch gernhaben kann, wenn man nur einmal in der Woche telefoniert und dass ich halt nicht mehr möchte. Das hat sie akzeptiert, zwar mit wenig Freude, aber es blieb ihr nichts anderes übrig. Wir haben regelmäßig Kontakt, manchmal ruft sie mich an, manchmal ich, aber wir führen kein tägliches stundenlanges Telefonat mehr. Und das fühlt sich jetzt richtig gut an. Es fühlt sich frei an und hat auch die Beziehung zu meiner Mama, die doch etwas zwanghaft angehaucht war, auf eine bessere Ebene gehoben. Und: Ich selbst habe dadurch in vielen Bereichen meines Lebens das zwanghafte Verhalten, das ich mein Leben lang antrainiert (bekommen) habe, loslassen können!

Wenn wir nun zusammenfassen, kommen wir zu folgenden Vorgehensweisen: Beobachten Sie sich selbst. Räumen Sie in Ihrem Inneren auf. Schauen Sie sich um, was sie loswerden wollen. Lassen Sie sich darauf ein. Lassen Sie Ihre Gefühle zu. Auch wenn wir manche Gefühle nicht wahrhaben und spüren wollen, sie lassen sich nicht einfach wegschieben. Seien Sie ehrlich zu sich selbst und zu Anderen. Haben Sie Mut und bleiben Sie dran. Haben Sie Geduld mit sich selbst und seien Sie auch konsequent. Manchmal ist es wichtig, geduldig und konsequent unangenehme Gefühle auszuhalten. Lassen Sie sich Zeit. Manchmal dauert es Tage, Wochen, Monate, bis es gelingt, eine Verhaltensweise, Angewohnheit oder auch einen Job, vielleicht sogar einen

Menschen loszulassen. Und wie gehen wir mit Dingen um, die wir nicht ändern können? Das gibt es zwar zum Glück nicht so häufig, kommt aber auch vor. Sie können das Wort „JA" zu Ihrem neuen Motto machen. Jedes Mal, wenn Sie etwas akzeptieren müssen, das Sie nicht ändern können, hören Sie auf, mit der Situation zu hadern. Suchen Sie nach unabänderlichen Situationen, in denen Sie ein Nein in ein Ja verwandeln können. Sie können Ihre mentale Stärke selbst trainieren. Üben Sie Ihr inneres „JA" zu unveränderbaren Dingen. Denn das ist ein großer Schritt zu innerer Freiheit. Wer immer unzufrieden ist und unabänderliche Dinge nicht annehmen kann, wird sich nicht weiterentwickeln. Ich kann mich selbst auch nur so annehmen, wie ich bin. Ich kann keinen anderen Menschen aus mir machen. Sagen Sie „JA" zu sich selbst und zum Leben. Machen Sie das bewusst, sagen Sie es sich selbst möglichst oft. Sie sind so wunderbar und einzigartig. Das ist ein ganz besonderes Geschenk. Manchmal muss man auch eine Kränkung loslassen. Das ist eine ganz besondere Herausforderung. Die Vorgehensweise ist ähnlich, wie wir es oben schon kennen: Wir analysieren, am besten schriftlich. Schreiben Sie auf, was genau Sie nicht verzeihen können. Was ist genau passiert? Wie waren Ihre Gefühle zu dem Zeitpunkt? Auch Ihre Gedanken und Reaktionen können Sie aufschreiben. Dann können Sie sich Handlungsweisen ausdenken. Zunächst reagieren wir wütend, gekränkt und enttäuscht. Das ist normal. Wir sinnen nach Rache und bleiben in den Gedanken dauernd in dieser Enttäuschung hängen. Drehen uns darin im Kreis. Dadurch schaden wir uns aber am meisten selbst. Grübeln und auch Gefühle der Rache schaden uns selbst am meisten. Solche Gefühle belasten die Seele, sie vermindern unsere Lebensfreude. Unsere Seele kommt dann nicht zur Ruhe. Auch wenn es keine Entschuldigung für ein Verhalten gibt, auch wenn derjenige, der Sie gekränkt hat, sich noch nicht in angemessener Weise entschuldigt hat und selbst wenn er es niemals tun wird: lassen Sie es einfach gut sein. Vergeben Sie um Ihres lieben Frieden Willen. Das Verzeihen ist nicht an Gesetzestexte gebunden. Ich lasse los, ich verzeihe. Dann ist mein innerer Frieden wieder hergestellt. Sie können jetzt sofort damit beginnen. Beschließen Sie hier und jetzt, dass Sie verzeihen, dass Sie diesen Gedanken der Schuld und

Sühne keinerlei Raum mehr in Ihrem Leben geben wollen. Lenken Sie Ihre Gedanken in eine positive Richtung. Wenn vorwurfsvolle Gedanken kommen, machen Sie ein bewusstes „Stopp". Verschwenden Sie nicht Ihre Energie mit solch sinnlosen Gedanken und Gefühlen. Richten Sie die Energie, die Sie zur Verfügung haben, besser in die positive Zukunft, als an Vergangenem, und wenn es noch so schmerzhaft war, festzuhängen. Wenn Sie damit beginnen, wird es sich vielleicht wieder nicht richtig anfühlen. Aber je länger man diesen Stopp übt, diese Haltung verinnerlicht, desto mehr wird sich das echt und gut anfühlen. Sie werden sehen, es wird gelingen. Wenn es Ihnen ein Bedürfnis ist, können Sie es demjenigen, der Sie verletzt hat, auch noch einmal sagen. Oder ihm einen Brief schreiben. Danach sollte aber der klare Stopp folgen. Dann werden Sie sich auf dem Weg zum inneren Frieden befinden.

Machen Sie dazu Atemübungen und Yoga, die Sie im Anhang finden.

Vergeben

Wenn ich vergebe, verzichte ich darauf, das Opfer zu sein. Ich vergebe und befreie den „Täter" vom Vorwurf der Schuld. Das ist leichter, wenn derjenige, der mir Schmerz zugefügt hat, einsieht, etwas falsch gemacht zu haben. Aber auch ohne Einsicht des Anderen kann ich vergeben. Auch wenn derjenige, der mir weh getan hat oder mir in irgendeiner Weise Schaden oder Unbehagen oder was auch immer zugefügt hat, es nicht bereut. Auch dann kann ich vergeben. Wenn ich verzeihen kann, ist das ein Ausdruck von Stärke. In erster Linie vergeben wir für uns, für unseren inneren Seelenfrieden. Es fällt schwer, zu vergeben, aber es lohnt sich.

Sie können mit einer Sache abschließen, alte Wunden können heilen. So gelangen Sie zu innerem Frieden. Sie sind empathisch und verfügen über die Fähigkeit zur Selbstreflexion. Betrachten Sie das Geschehene sachlich. In der Psychologie spricht man hier von der Metaebene. Ich betrachte den Vorfall, als würde ich von außen beobachten. Wenn Sie mit Ihren gekränkten Gefühlen beschäftigt bleiben, werden Sie aus der Opferrolle nicht so leicht heraus finden. Sie können sich fragen: War das, was Sie gekränkt hat, ernst gemeint von der Person? Oder war es nur so daher gesagt und vielleicht gar nicht so gemeint? Ist diese Person in Ihrem Leben wichtig? Wie stehen Sie zu ihr/ihm? Überlegen Sie, welchen Nutzen es für Sie hat, weiter an der Gekränktheit festzuhalten. Treffen Sie eine bewusste Entscheidung. Nehmen Sie sich bewusst vor, diese alte Kränkung hinter sich zu lassen. Nehmen Sie sich genug Zeit dafür. Machen Sie sich bewusst, welche Vorteile es hat, in dieser Sache loszulassen. Die Kränkung aufzugeben. Das ist Ihre Entscheidung. Sie können sich dann auch näher mit der Situation beschäftigen: Hat diese Person vielleicht aus Versehen gehandelt? Haben Sie sich vielleicht unklar ausgedrückt? Was war Ihr Beitrag, dass diese Situation entstehen konnte? Das mag jetzt vielleicht befremdlich klingen. Ich bin doch nicht schuld, wenn sich jemand mir gegenüber so schlecht und verletzend verhält. Darum geht es auch nicht. Solche Gedanken lassen uns nur noch tiefer in die Opferrolle hineinfallen und darin verharren. Denn wir sind wieder in unseren gekränkten Gefühlen gefangen. Wenn wir aber darüber hinauswachsen wollen, uns davon befreien, dann können wir sehr wohl unseren Beitrag an der Situation reflektieren. Vielleicht haben Sie zu lange gewatet, haben Sie Ihre Wünsche und Bedürfnisse nicht klar genug zum Ausdruck gebracht, haben Sie Ihre Grenzen nicht deutlich gezeigt. Vielleicht fällt Ihnen dazu noch etwas ein. Oder ist da einfach ein Mensch, der wild um sich schlägt, weil er selbst so unfertig ist und mit wenig Selbstbewusstsein ausgestattet? Dann können Sie auch entscheiden, dass Sie mit diesem Menschen in Zukunft nichts mehr zu tun haben möchten. Oder Sie entscheiden sich, ihm/ihr Zeit zu geben, sich selbst wiederzufinden. Wie auch immer. Sie haben sich jetzt genug damit beschäftigt. Jetzt können Sie sich wieder angenehmen Dingen des Lebens widmen. So erlangen Sie wieder die Kontrolle über Ihr Leben. Das ist ein befreiendes Gefühl. Wenn Sie noch nicht ganz dazu in der Lage sind, loszulassen, können Sie sich mittels eines Briefes helfen, den Sie der Person schreiben (ohne ihn abzuschicken). Sie können sich auch hinstellen (vielleicht mit einem Foto von der Person) und sagen: „Ich verzeihe Dir". Wiederholen Sie das mehrmals.

Wenn wir in einen Konflikt mit jemandem geraten, gehen wir unterschiedlich damit um. Das hängt mit unserer eigenen Geschichte zusammen. Manche Menschen tun sich schwer, zu verzeihen. Es kommt auch auf die Situation an. Manchmal ärgert man sich über etwas, das für einen anderen Menschen gar kein Thema ist. Manchmal ist man auch zu stolz, sich zu entschuldigen. Man hat Angst, sein Gesicht zu verlieren. Man könnte sich auch davor fürchten, das Gegenüber würde meinen, man wäre mit seinem Verhalten einverstanden, wenn man ihm vergibt und würde dann vielleicht die verletzende Handlung wiederholen. Wir wollen vielleicht auch den Anderen bestrafen, um uns selbst danach besser zu fühlen. Meistens funktioniert das aber nicht. Wenn man sich schwertut, zu verzeihen, verursacht das oft noch mehr Konflikte oder eine Situation eskaliert dann. Dadurch können

Freundschaften zerbrechen und Beziehungen dauerhaft belastet werden. Dabei ist unser Körper im Stress. Wenn man verzeiht, kann man seine gesunde psychische Kraft stärken. Wenn man Probleme anspricht und in versöhnender Weise damit umgeht, wird sich das positiv auf das Umfeld und auch die eigene Psyche auswirken. Im Berufsleben ist das eine Fähigkeit, wie sie eine Führungskraft haben sollte.

Wenn ich nur an Rache denke, raubt mir das enorm viel Energie. Der Gedanke wird mein Berufsleben und den Alltag belasten. Er schadet meiner Gesundheit. Ständige negative Gedanken können der Gesundheit schaden. Das ist mittlerweile nachgewiesen. Die Folge sind hoher Blutdruck, Rückenschmerzen, Depressionen, Magenschmerzen, Schlafstörungen und vieles mehr.

Und wenn man sich gekränkt zurückzieht, wird man auch einsam sein. Also ist es wichtig, sich selbst regulieren zu können. (siehe: Übungen zur Selbstregulation im Anhang)

Sogar kleine Kinder können schon lernen, sich selbst zu regulieren. Wenn die Eltern wahrnehmen, was ihre Kinder fühlen und darauf eingehen, die Gefühle benennen, dann mit den Kindern auch über Gefühle und Gedanken sprechen, lernen Kinder, über sich selbst bewusster zu werden. Somit fällt es ihnen auch leichter, sich selbst zu regulieren.

Wir regulieren im Alltag aktiv unsere Wünsche und Aktivitäten. Zum Beispiel wie wir mit unserer Gesundheit umgehen, ob wir ins Fitnesscenter gehen oder uns lieber ein Stück Kuchen gönnen, welche Einstellung wir zu einem Thema haben, ob wir eher positiv gestimmt sind oder Dinge eher negativ betrachten. Vielleicht sind Sie jemand, der ein eher aufbrausendes Temperament besitzt, bei Konflikten schnell laut wird und schnell die Geduld verliert? Oder Sie können sich nicht gut konzentrieren, haben Angst vor Menschen zu sprechen oder haben Probleme beim Schlafen?

Dann könnte Ihnen die Übungen zur Selbstregulierung im Anhang helfen. Was man gleich tun kann, wenn negative Gefühle auftauchen, ist atmen. Es gilt immer: Wenn man länger einatmet als ausatmet, erzeugt das Anspannung. Wenn man länger ausatmet, als einatmet, fördert das die Entspannung. Atemübungen zur Entspannung finden Sie auch im Anhang. Man kann ganz gut und recht schnell spüren, wie die Entspannung eintritt, wenn man diese Atemübung ausprobiert.

Was tun mit der Schuld?

Als Kind denken wir, an vielen Dingen Schuld zu sein. Ich bin schuld, dass meine Eltern sich streiten. Ich bin schuld, dass die Mama jetzt weint. Ich bin schuld, dass wir so wenig Geld haben, weil ich so viele Spielsachen brauche. Vielleicht hat man Ihnen auch gesagt, Sie seien schuld. Sicher fällt Ihnen dazu auch noch mehr ein? Woran waren Sie schuld?

Manchmal nehmen wir auch aus Scham Abstand davon, uns zu entschuldigen. Etwas falsch zu machen und daran Schuld zu sein, setzen wir gleich mit „unperfekt" sein.

Es hängt von der Situation ab. So werde ich ein Unrecht direkt mit meinem Selbst in Verbindung bringen. Das habe ich gelernt. Wille und Gefühl haben viel mit dem limbischen System zu tun, einem älteren Teil unseres Gehirns.

Eine gute, gesunde Selbstregulation bedeutet, die Balance zu finden zwischen dem Spüren und dem Ausdruck meiner Bedürfnisse und Gefühle und der Fähigkeit zur Selbstkontrolle.

Es schadet nichts, wenn einem Unrecht geschieht.
Man muss es nur vergessen können.
(Konfuzius)

Wenn Sie selbst jemanden unabsichtlich kränken, ist es auch nie verkehrt, angemessen um Entschuldigung zu bitten. Das fällt uns oft auch schwer, denn es gleicht einem Schuldeingeständnis. Und das Thema Schuld ist oft eines, das wir von Kindesbeinen an mit uns herumtragen.

Selbstliebe

Liebe Deinen Nächsten wie Dich selbst. Der viel zitierte Satz aus der Bibel ist vermutlich andersrum zu verstehen, nämlich, dass man den Nächsten nur lieben kann, wenn man sich selbst liebt. Wer mich liebt, mit dem stimmt etwas nicht. (Zitat, Paul Watzlawick, 1983).

Es bieten sich im Alltag viele Situationen, viele Möglichkeiten, sich selbst zu lieben. Ich kann mich fragen, warum mich etwas stört. Wenn ich mich zum Beispiel über etwas oder jemanden aufrege, kann ich mich selbst fragen, warum mich das so aufregt. Meistens entdecke ich es dann in MIR und dann kann ich beginnen, alles neu zu überdenken und vielleicht in einem neuen Licht zu betrachten.

Wenn Sie das Gefühl haben, nicht genügend geliebt zu werden, dann wird dieses Gefühl immer auf etwas im Außen zurückgeführt. Auf ungenügend Zuwendung von Außen. Die geben mir zu wenig Zuwendung. Das ist ein recht eingeschränkter Gedanke. Dadurch habe ich eine vorgefasste Meinung und ich kann der wahren Zuwendung und auch einer wahren Liebe nicht wirklich begegnen. Alle Erwartungen, die wir von Zuwendung haben, wie sie ein anderer uns geben sollte, werden uns im Weg stehen, diese Zuwendung oder Liebe zu bekommen. Wir verhindern sie damit.

Gehen Sie mit offenen Augen durchs Leben. Schauen Sie sich um, genießen Sie, wann uns was sich bietet. Aber versuchen Sie, nicht zu bewerten. Lassen Sie es auf sich zukommen. Lassen Sie Dankbarkeit denen gegenüber aufkommen, die Sie verlassen haben, denn dadurch haben Sie die Möglichkeit, etwas Neues zu beginnen, neue Menschen kennenzulernen. Neue Erfahrungen zu machen.

Alles, was wir an Erkenntnis gewinnen, führt uns zu uns selbst. In unser Innerstes.

Sehen Sie das Leben ein bisschen wie ein Spiel. Wenn wir immer weniger andere Menschen kritisieren, dann führt das dazu, dass wir uns immer mehr selbst lieben. Denn jede Kritik, die wir äußern und selbst in unserer Seele, unserem Herzen herumtragen, die richtet sich auch gegen uns selbst. Sie führt dazu, dass wir uns selbst kritisieren und uns dadurch weniger geliebt fühlen.

Seien Sie dankbar für jeden Moment, fühlen Sie diese Zufriedenheit und genießen Sie dieses Gefühl. Ganz bewusst. Wenn Sie sich auf diesen Weg begeben, werden Sie immer öfter dieses überwältigende Gefühl des angenommenen Seins und geliebt Seins erleben.

Je mehr ich bei anderen akzeptiere, toleriere, annehme, weniger kritisiere, sondern zulasse, somit auch nicht bewerte, je offener, freier und selbst liebender werde ich mir begegnen.

Wenn ich eines gelernt habe in den letzten Jahren als Therapeutin und als Mensch, dann, dass ich meinen Gefühlen und Überzeugungen vertrauen darf! Wenn ich zurückblicke, sehe ich viele Dinge, die mir einmal enorm wichtig waren und auf dem Weg der Erkenntnis an Bedeutung verloren haben. Ich habe mich verändert.

Glauben Sie an sich, glauben Sie an Ihre Überzeugungen. Und an Ihre Entscheidungen. Ihre innere Freiheit zu leben bedeutet, dass Sie sich selbst vertrauen.

Ihr Weg beginnt dort, wo Sie aufhören, anderen zu folgen.

Im Zuge meiner Tätigkeit als Psychotherapeutin hatte ich vor einigen Jahren eine Begegnung mit einer jungen Frau namens Anna.

Anna ist bei unserer ersten Begegnung 22 Jahre alt, sie wohnt (mit einigen Unterbrechungen) noch bei den Eltern. Sie hat einen jüngeren Bruder. Sie ist mitten in der Volksschullehrer Ausbildung. Bei unserer ersten Begegnung hatte ich den Eindruck, dass Anna sehr unter Druck steht. Sie schildert

Depressionen, eine Essstörung, und dass sie sich selbst verletze. Sie sagt, sie kommt mit ihrem Leben nicht zurecht. Sie traut sich selbst nichts zu, kann sich zu nichts aufraffen. Der Leidensdruck ist stark, nichts geht mehr, sie traut sich nicht alleine ins Kaufhaus, telefonieren oder zur Professorin wegen der Diplomarbeit. Mir gegenüber sitzt eine zierliche, fast zerbrechlich wirkende junge Frau, die mich mit großen, runden, braunen Augen ansieht. Das Gesicht wirkt puppenhaft. Müsste man ihr Alter schätzen, käme man kaum darauf, dass es sich bei dem jungen Mädchen um eine 22-jährige Frau handelt. Ihre Turnschuhe sind zerrissen und die Kleidung, eine braune Cordhose und ein weiter, grüner Pullover, scheint viel zu groß zu sein. Anna kommt zu mir in die Therapie, da sie es zum einen selbst notwendig findet, aber auch, da ihr Menschen in ihrem näheren Umfeld dringend dazu raten.

Ich spüre ihren Leidensdruck, den sie aber durch scherzhafte Äußerungen zu unterdrücken versucht. Ich bin zuerst versucht, auf ihre Scherze einzusteigen, mache sie dann aber im Laufe der Stunde darauf aufmerksam. Anna erzählt, dass sie sich zu nichts aufraffen kann, alles zu mühsam ist, sie sich manchmal extrem schlecht fühlt. Sie hat einen sehr geringen Selbstwert, Lebensangst und Machtlosigkeit, manchmal „spürt sie sich nicht". Großes Tabuthema sind die Eltern (die mich dann natürlich besonders interessieren). Ich habe bald das Gefühl, da stimmt etwas nicht – diese überbetont glückliche Kindheit und dann andererseits das Totschweigen der Kindheitserinnerungen passen nicht zusammen. Ich mache sie auf diese Inkongruenz aufmerksam. Zu diesem Zeitpunkt ist sie noch nicht so weit, das zuzugeben. Mir selbst wird auch bewusst: Ich muss mich da mit der Frau auf ein Thema einlassen, das meinem eigenen sehr ähnelt: „Wie dürfen Andere mit mir umgehen, darf ich ich sein?"

Zur Geschichte der jungen Frau: Sie ist seit ihrer frühen Kindheit im Bedürfnis nach „positiv regard" – positiver Anerkennung, nicht wahrgenommen und angenommen worden. Bewertungen durch den strengen, alles kontrollierenden Vater werden befürchtet. Gleichzeitig bestand viel Unklarheit in den Botschaften des Vaters – was darf ich, was nicht, was ist gut, was schlecht, wann passe ich, wann nicht? Auch von der Mutter, selbst zu schwach und zu unsicher, kamen mehrdeutige Botschaften und wenig Wertschätzung.

Untersuchungen (zum Beispiel von Ainsworth, 1978) ergaben, dass das erwachende Selbstbewusstsein beim Kind von Unsicherheitsgefühlen begleitet wird. Dies drückt sich beim Kind unter anderem in einem ernsten Gesichtsausdruck, in einer Vorsichtshaltung oder Verlegenheit aus. Werden diese Selbstbeurteilungen und Affekte von signifikanten Bezugspersonen nicht verstanden oder falsch interpretiert, nicht anerkannt, sondern bewertet, können sie nicht als Erfahrung ins Selbstbild integriert werden.

In dieser Familie lautet das ungeschriebene Gesetz: „Wir sind eine gute, intakte Familie, in der alles so ist, wie es sich gehört." Anna hat seit frühester Kindheit keinerlei affektive Äußerung getätigt, da sie zum einen nicht adäquat oder gar nicht beantwortet wurden und andererseits ein Familientabu bestand, Gefühle überhaupt zu äußern.

Die Abhängigkeit von Bewertungen ist groß, Anna zimmerte sich ihr eigenes Bewertungsmodell zusammen.

Anna berichtet auch, in der Schule gemobbt worden zu sein.

Die Familie und auch andere Bezugspersonen bekommen nicht mit, was in Anna vorgeht, sie fühlt sich häufig alleine gelassen. Aber auch das Gefühl des Alleingelassenwerdens wird sofort abgewehrt. Daraus entstanden Depressionen und Ängste. Auch die Selbstachtung war fast völlig zusammengebrochen.

Es entwickelte sich kein Selbstkonzept, in das Gefühle wie Trauer, Scham oder Zweifel und Wut integriert werden konnten. Daher müssen diese Gefühle abgewehrt werden. Sie kann sich nicht verständlich machen, fühlt sich nicht geliebt und akzeptiert. In allen Bereichen ihres Lebens ist das so.

Zusammengefasst kann ich sagen: Unsicherheitsgefühle entstanden bei Anna unter anderem durch mehrdeutige Botschaften in der familiären Interaktion – um die damit verbundenen Gefühle des Ausgeliefertseins abzuwehren, entstand so etwas wie ein Kontrollzwang. Die Kontrolle gelingt aber in Beziehungen nicht, somit bleibt ihr als einzige Möglichkeit, sich selbst zu kontrollieren, indem sie zum Beispiel ihr Körpergewicht kontrolliert (daraus könnte eine Essstörung resultieren) oder auch extrem aufzuräumen. Alles muss immer ordentlich und sauber sein.

Anna wird mehr und mehr bewusst, wie abhängig sie von Bewertungen ist. Gehört zu werden ist plötzlich ein klarer Wunsch. Doch es ist auch viel Angst vor der Erfüllung dieses Wunsches da. Langsam wird die Familie weniger tabuisiert. Eltern, Vater- blöd vorkommen – es zeigt sich ein Zusammenhang. Es wird ihr bewusst, wie abhängig sie von den Bewertungen ihres Vaters ist und dass daraus folgt, sich vor Bewertungen im Allgemeinen zu fürchten. Immer stärker wird der Wunsch, sich über ihr Leben klarer zu werden und es selbst in den Griff u bekommen. Es wird auch bewusst: Anna tut sich lieber selbst weh, als Andere mit ihren Sorgen zu belasten oder sich zu wehren. Gefühle wie Angst und Neid resultieren aus mangelndem Selbstwert. Andere bekommen mehr, weil sie selbst weniger wichtig ist. Negative Äußerungen Anderer wirken viel stärker als positive, es gibt viele Enttäuschungen. Gefühle werden im Kontakt gänzlich abgewehrt. Die Körperhaltung ist angespannt, sie ist auf der Hut, etwas Falsches zu sagen oder zu tun. Anna braucht eine Daseinsberechtigung durch Andere. Da ist viel Wut, Rachegedanken und Aggressivität vorhanden – das sind aber auch Ressourcen! Da steckt viel Kraft dahinter. Anna ist stärker als sie den Anschein macht (machen möchte).

Sie wählt bewusst saloppe Kleidung, um nicht zu erwachsen, zu fraulich, zu hübsch zu wirken – schön neutral, um ja nicht den Eindruck von etwas zu erwecken, das sie dann nicht halten bzw. sein kann. Sie sagt, es gibt da in ihr eine Stimme, so einen kleinen Gnom, der immer alles kontrolliert und bewertet. Er sagt, was gut ist und was böse. Er raubt ihr die Lebensfreude. Dadurch muss sie immer Kontrolle aufrechterhalten. Das kostet enorm viel Lebensenergie und Lebensfreude. Was darf ich fühlen, darf ich etwas fühlen? Bin ich wichtig? Was braucht sie, um nicht zu verschwinden? Es müsste jemand da sein, der sagt: Du bist ok. Nicht ernst genommen werden, ist mit Scham verbunden. Das ist unangenehm. Was muss sie beweisen? Und wem muss sie etwas beweisen? Und vor allem: Wozu?

Wir machen uns bewusst: Alles, was körperliche und emotionale Reaktionen hervorruft, wird abgewehrt, da es als bedrohlich eingestuft wird. Hier habe ich Anna dazu angeregt, sich selbst zu beobachten, die Beobachtungen aufzuschreiben.

Selbstbeobachtung ist ein erster Schritt. Wenn ich mir selber zusehe, sozusagen als außenstehender Beobachter, kann ich mich ein wenig vom Drama distanzieren und neutral und wertfreier einfach nur zusehen. Dann kann ich mir selbst in einen Dialog treten. Ich kann mich fragen: Will ich das? Was will ich? Wie könnte ich in dieser Situation anders agieren? Was fühle ich? Fühle ich mich wieder so hilflos wie als kleines Kind? Ich kann mir bewusst machen, dass ich jetzt kein kleines Kind mehr bin. Ich bin nicht mehr abhängig davon, was andere mir erlauben oder zutrauen. Ich kann selbst entscheiden, ich kann frei agieren, wie immer es mir gefällt. Das kann ich mir bewusst machen, indem ich mir meine Beobachtungen über mich selbst notiere und reflektiere.

Wir haben dann gemeinsam diese Aufzeichnungen in den Therapiestunden reflektiert und Anna ist immer mehr zu dem Schluss gekommen, dass sie ihr Leben selbstbestimmter leben möchte und dass sie das auch zufriedener macht. Sie hat sich in verschiedenen Situationen überlegt, was sie wirklich möchte, hat sich dafür viel Zeit gelassen. Manchmal war es für sie selbst schwer auszuhalten, da sie wirklich viel Zeit gebraucht hat, mit ihren Antworten oder der Umsetzung von Wünschen. Aber das ist ok. Das ist der Prozess. Alles darf sein, egal in welchem Tempo!

Wir schauen uns auch diesen „Gnom" genauer an und wie Anna mit ihrem inneren Kind umgeht. Das Kind weiß nicht, wie es sein soll. Wann es passt und wann nicht. Es versteckt sich hinter dem Sessel und macht die Augen zu – da geht die Angst weg. Wie geht Anna mit ihrem inneren Kind um? Sie lässt zu, dass der „Gnom" so böse mit dem Kind ist. Und sie ignoriert seine Angst. Das arme kleine Ding.

Wir machen eine verrückte Stunde: Wir stellen uns ein Kind im Theater vor, wie es sich dort benehmen sollte. Wir stellen uns vor, wie das Kind im Theater unkontrolliert herumhüpft. Wir haben dadurch einen Zugang zum inneren Kind gefunden. Anna ist sehr amüsiert von der Vorstellung des hüpfenden Kindes. Immer wieder sagt sie zu ihrem inneren Kind: Ich bin da, du brauchst keine Angst zu haben. Sie möchte sich verkriechen. Ich gebe ihr eine Decke, darunter deckt sie sich zu. Wie geht es dem Kind da drunter?

(Ich empfehle hier, die Übung: Stärkung des inneren Kindes zu machen, die sich im Anhang befindet)

Anna sagt zu sich: „Alles nicht so schlimm" Es gibt Schlimmeres, da lacht ja jeder, weil es so lächerlich ist, aber es gibt gleichzeitig viele Ängste und Kränkungen und auch Sehnsüchte und Wünsche. Es gibt auch zahlreiche Verbotstafeln: sei nicht zu laut, Fall nie zu sehr auf, Achtung, Gefühle! Hab nicht zu viele Wünsche. Es ist keiner da, der hilft – Hilfe brauchen ist schlecht. Mittlerweile sind die Verbotstafeln ihre eigenen. Die Verbote kommen nicht mehr von den Eltern oder von anderen Menschen, sondern von ihr selbst. Sie geht sehr schlecht mit sich selbst um. Selbstbewertung – Fremdbewertung: Negatives wird angenommen und bekommt besonders viel Platz in der Bewertung ihrer Persönlichkeit. Positives kommt kaum an.

(Ich empfehle hier die ICH BIN Übung im Anhang)

Wir arbeiten auch mit inneren Bildern, die wir manchmal sogar auf Papier bringen: Ein Vogel, der aus dem Nest soll, er hält sich noch am Rand des Nestes fest, er taumelt, hängt am Nest. Er hat Angst, traut sich nicht zu fliegen, da er dann dabei blöd aussehen könnte: Wir fantasieren: Was passiert, wenn er doch loslässt?

Anna wird immer mehr „sie selbst" (ihre eigenen Worte). Das fällt auch schon anderen auf. Sie wirkt viel klarer und sicherer. Es geht in die Richtung, das „Selbst" zu sein, das sie gerne sein und leben möchte. Verstanden worden ist Anna wichtig, sie gibt nicht mehr so schnell auf. Das Vogelbild wird noch einmal angeschaut – mittlerweile möchte sie fliegen. Der Vogel hat auch mehr Federn bekommen, er schaut nicht mehr so mickrig und krank aus, er möchte jetzt fliegen und er übt auch schon ganz eifrig. Was vor wenigen Monaten noch undenkbar war, wird möglich und angestrebt, nämlich alleine ihren eigenen Weg zu gehen. Ängste und Selbstzweifel werden weniger, sie traut sich mehr zu. Es ist auch verwirrend, denn alles ist neu – fühlt sich neu an. Sie befindet sich auf dem Weg zum eigenen Selbst.

Definition des „Selbst" (Kernberg, 1983, Stumm, 2003):

Das Selbst ist ein Bild von sich selbst und als Bestandteil des Ich, eine innerpsychische Struktur, ein Subjekt, in dem die Selbstwahrnehmung einer Person in ihren realen Interaktionen mit signifikanten Bezugspersonen und in fantasierten Interaktionen inneren Repräsentanzen dieser Bezugspersonen, sowie auch das Ideal-selbst und Idealvorstellungen beinhaltet sind. Das Abbild von sich selbst entsteht dadurch, wie Andere auf die Person reagieren, ob sie positiv bewertet wird oder das Bedürfnis nach positiver Beachtung nicht erfüllt wird. Wird es nicht beachtet, kommen das Autonomiebestreben und das Bedürfnis nach positiver Beachtung in Konflikt, es kommt zu einem Stillstand in der Persönlichkeitsentwicklung. Wenn jemand nur unter bestimmten Umständen verstanden wird, wenn es Bedingungen dafür gibt, angenommen zu werden, wie zum Beispiel gute Noten in der Schule oder dass man sich besonders kleidet, ruhig ist oder fleißig, wenn das an Liebe und Anerkennung geknüpft ist, führt es zu Inkongruenz. Erfahrungen können nicht in das Selbstbild integriert werden. Das kann in späterem Leben Ängste hervorrufen, den Halt zu verlieren, Angst, verlassen zu werden, zu versagen und nicht ohne den Anderen bestehen zu können. Eine Person, die solch einen Strukturmangel aufweist, wird kaum sich selbst vertrauen und versuchen, anderen zu gefallen. Diese Person kann sich nicht als „Mensch von Wert" annehmen, ist abhängig davon, ob die Umwelt das bestätigt, oder nicht (Rogers, 1998).

Anna hat mittlerweile die Therapie beendet. Sie hat begonnen, zu fliegen. Annas Weg führt immer mehr zu ihrem eigenen Selbst, zum Glück und zu innerer Zufriedenheit. Ihre innere

Ich wünsche Ihnen von Herzen, dass auch Sie diesen Weg einschlagen und es Ihnen mithilfe dieses Ratgebers, mit den Anregungen, die Sie darin gefunden haben, gelingt, Ihre eigene innere Freiheit zu finden. Ich bin überzeugt davon, dass sie es schaffen! Viel Erfolg! Viel Freude und Liebe mit sich selbst. Sie haben es verdient!

Übungen und Skillstraining

Übung 1

ICH bin Übung

Was wir denken, sind wir. Wie wir uns selbst sehen, prägt unser Schicksal. Unser Selbstbild bestimmt, wie wir mit verschiedenen Situationen umgehen. Also kümmern wir jetzt genau darum. Um unser ICH, unsere Identität. Kreieren Sie Ihre eigene Wunschidentität und Sie werden erstaunt sein, wie rasch Sie sich genau in diese Richtung entwickeln werden.

1. Überlegen Sie sich für sich selbst Eigenschaftswörter, die Sie schon beschreiben oder von denen Sie sich wünschen, so beschrieben zu werden. (natürlich positive Eigenschaften)

Zum Beispiel: begeistert, stark, zielstrebig, liebevoll, selbstbewusst, kreativ, wunderschön, überzeugend.

2. Nun formulieren Sie die Eigenschaftswörter in Hauptwörter um, die Sie selbst beschreiben.

Zum Beispiel: Trainer(in), Führer(in), Motivator(in), Liebhaber(in)

3. Überlegen Sie jetzt, was Sie als diese Person tun und beschreiben Sie es mit einfachen Begriffen.

Zum Beispiel: Freude machen, leben, lieben, etwas Großes hinterlassen, Andere führen, motivieren, begeistern.

Sie verwenden für all diese Begriffe natürlich Ihre eigenen, die Ihnen selbst dazu in den Sinn kommen.

3. Sie können nun aus all diesen Begriffen und Beschreibungen die aussuchen, die am besten für Sie passen. Daraus können Sie dann einen Satz formulieren. Achten Sie dabei darauf, dass diese Wörter wirklich gut passen, dass die Worte sich richtig und stimmig anfühlen.

Zum Beispiel: Ich bin eine wundervolle Powerfrau, die Andere motiviert und positiv, zielstrebig und voller Lebensfreude ihren Weg geht.

Es ist sehr wichtig, dass der Satz richtig in Ihr Inneres trifft. Sie bemerken beim Lesen des Satzes ein freudig aufgeregtes Kribbeln in der Magengegend? Dann passt er! Schreiben Sie ihn indessen auf mehrere Zettel. Diese Zettel legen Sie an verschiedene Orte, an denen Sie sich immer aufhalten und lesen den Satz immer wieder durch. Je mehr Sie sich damit beschäftigen, umso mehr werden Sie sich in diese Person verwandeln, die Sie da beschrieben haben. Viel Erfolg!

Übung 2

Selbstliebe Übung

Akzeptieren Sie negative Emotionen, versuchen Sie nicht, sich zu verstellen.

Wenn sie traurig sind, können sie nicht gleichzeitig glücklich sein. Das geht nicht. Sonst sind Sie nicht ehrlich und auch nicht authentisch. Ehrlich sein zu sich selbst ist der erste Schritt in die Selbstliebe.

Nehmen Sie sich eine Woche Zeit. Machen Sie dabei Folgendes: Erfreuen Sie sich an möglichst vielen Dingen ganz bewusst. Eine Woche lang. Suchen Sie sich dann davon 2 Dinge aus, die Sie zu Gewohnheiten machen möchten. Sie können einen Abendspaziergang machen, ein Bad nehmen, beim Putzen tanzen zur Lieblingsmusik, Sie können sich einen wunderschönen Blumenstrauß kaufen und auf den Tisch stellen. Da fällt Ihnen bestimmt noch viel dazu ein.

Übung 3

Stärkung des inneren Kindes

Schließen Sie Ihre Augen. Atmen Sie tief ein und dann ganz langsam aus. Das wiederholen sie dreimal. Stellen Sie sich jetzt vor, dass sie eine Treppe hinab in einen finsteren Keller gehen. Sie gehen langsam, Schritt für Schritt, Stufe für Stufe. Unten ist eine Türe. Die öffnen Sie. Die Türe knarrt und ist schwer. Der Türgriff ist kalt. Als die Türe offen ist, riecht es modrig und ein kalter Luftzug ist spürbar. Als Sie den Raum betreten, sehen Sie ganz hinten an der Wand ein kleines Mädchen sitzen (oder einen kleinen Jungen). Es handelt sich dabei um Ihr eigenes, verletztes, inneres Kind. Sie müssen jetzt ganz vorsichtig sein, Sie sind ihm fremd, denn Sie haben sich lange nicht gesehen. Sie können sich neben das Kind setzen und einmal abwarten, was passiert. Vielleicht mag es ja mit Ihnen sprechen. Seien Sie einfach da. Voller Liebe zu diesem, Ihrem inneren Kind. Sie spüren, wie sehr sie es lieben. Vielleicht sagt das Kind etwas? Was sagt es? Ist es vielleicht traurig? Oder hat es Angst? Sie machen sich bewusst, dass dieses, Ihr inneres Kind viel erlebt hat als kleines Kind. Und dass sie selbst jetzt erwachsen sind. Sie können das Kind umarmen und trösten und Sie können dem kleinen Kindlein versichern, dass ihm nie wieder etwas Schlechtes widerfahren wird, dass Sie jetzt da sind, um für Ihr inneres Kind zu sorgen, u es zu beschützen. Sie können es umarmen (wenn es das möchte) und drücken und ihm zeigen, welch große Liebe Sie empfinden.

Übung 4

Innere Freiheit Übungen

Loslassen

Überlegen Sie sich, was Ihnen nicht guttut. In welchen Situationen könnten Sie öfter NEIN sagen? Machen Sie eine Liste mit den Dingen, bei denen Sie nein sagen möchten. Zum Beispiel: Übernehmen Sie Aufgaben von Kollegen, die nicht Ihre sind? Essen Sie viel Fett und Süßes? Lassen Sie sich vielleicht vom Partner erniedrigen? Sie füllen Ihre Liste mit Dingen, die für Sie stimmen. Sie können nun selbst bestimmen, wo Sie gleich mit dem Nein Sagen beginnen wollen und sehen auch, was Ihnen schwerfällt.

Jetzt machen sie eine Liste mit Dingen, die Sie richtig stolz bei sich selbst sind. Sie können auch noch in Ihrem Bekanntenkreis darum bitten, dass die Anderen an Ihnen schätzen und lieben. Das können Sie sich dann auf Ihre Pinnwand hängen und immer wieder ansehen.

Übung 5

Atmen und Yoga

Loslassen

Wir atmen ganz langsam ein. Mit dem Einatmen öffne ich mich für das, was vor mir liegt, mit dem Ausatmen lasse ich alles los, was ein Gefühl von Energie in mir auslöst. Diese Übung lässt sich gut mit der Yogaübung, dem „Vierfußstand" kombinieren. Ich stelle mich im Vierfußstand hin und gebe die rechte Hand an den Hinterkopf. Ich atme ein. Der Ellbogen zeigt zur Decke. Der Nacken ist entspannt. Dann wird der Rücken rund geformt zu einem Buckel und das Kinn in Richtung Brustbein gedrückt, dabei atmen wir aus.

Wir wiederholen diese Übung mehrere Male, atmen dabei sehr bewusst und erinnern uns: beim Einatmen werden wir ganz offen, wir machen uns bereit für alles, was da ist und kommen mag. Wir sind bereit, zu empfangen, mit aller Freude und Vertrauen, dass es gut ist. So atmen wir ein. Ja, es ist gut, was da kommt. Wir atmen dann ganz bewusst alles aus, das starke Gefühle hervorruft, das eine Energie mit sich zieht, die wir loslassen wollen. Wir selbst entscheiden, was wir loslassen wollen. Mit dem Ausatmen werden wir spüren, dass wir innerlich freier werden. Wir befreien uns. Wir bemerken Energien, die uns belastet haben. Die dürfen jetzt ausgeatmet werden. Wir machen das ganz bewusst. Wir empfinden ganz bewusst. Und lassen los. Mit jedem langsamen Ausatmen lassen wir mehr und mehr los. Uhhhhhh. Ausatmen. Loslassen. Was immer da kommt, ist ok. Gedanken lassen wir vorbeiziehen, alles ist in Ordnung. Wiederholen Sie diese Übung mehrmals hintereinander. Sie dauert nicht lange und kann auch mehrmals in der Woche gemacht werden.

Ein positiver Nebeneffekt ist, dass wir dabei auch ganz nebenbei Gymnastik machen, wir machen sozusagen auch Bauchmuskelübungen, Teile der Rückenmuskulatur und der Gesäßmuskeln werden trainiert.

Übung 6

verschiedene Atemübungen

Atemübung 1

4 - 7 - 8

Atmen Sie langsam durch die Nase ein. Dabei zählen sie bis 4. Dann halten Sie die Luft an. Zählen Sie dabei langsam bis 7. Danach atmen Sie langsam aus, während Sie bis 8 zählen. Wiederholen Sie diese Übung öfter hintereinander. Wenn sie sehr angespannt sind, bewirkt diese Übung rasche Entspannung. Üben Sie aber auch, wenn Sie wenig oder gar nicht angespannt sind. Die Atemübung sollte in ihrer Technik gut geübt werden. Dann können Sie sie überall, wo Sie gerade sind, einsetzen.

Atemübung 2

Sitzen Sie oft nächtelang am Schreibtisch, arbeiten durch und setzen sich unter Druck?
Dann probiere Sie diese Übung aus:

Legen Sie Ihre Hände unterhalb der rechten Brust auf, atmen Sie tief ein und mit einem anhaltenden Schschsch ... wieder aus, so lange es geht.

3 x wiederholen.

Schnürt es Ihnen in verschiedenen Situationen die Kehle zu oder nimmt es Ihnen die Luft zum Atmen? Fühlt sich der Brustkorb hart und eng an?

Dann empfehle ich Ihnen diese Atemübung:

Befreien Sie Ihren Körper aus der Angst und öffnen Sie Ihren Brustkorb, indem Sie tief einatmen und mit einem langen Sss ... solange Sie können, wieder ausatmen.

3x wiederholen.

Atemübung 3

Was belastet Sie? Schenken Sie Ihrem Herzen positive, liebevolle Beachtung. Legen Sie Ihre Hände auf Ihr Herz, atmen Sie tief ein und atmen Sie mit einem langgezogenen Haaaaaaaa ..., solange es geht, wieder aus.

3 x wiederholen.

Spüren und fühlen Sie in sich hinein, atmen Sie tief durch, recken und strecken Sie sich, holen Sie sich die Sterne vom Himmel und Sie fühlen sich wie neugeboren.

Ein Glas abgekochtes warmes Wasser zu trinken kann das Wohlbefinden noch steigern.

Atemübung 4

Wenn Sie Emotionen überrollen, nehmen Sie Ihre Hände und lege eine Hand auf die Magengegend, die andere auf den Brustkorb.

Atmen Sie langsam und ganz bewusst tief ein und ganz lange aus.

Sie können die Augen geöffnet lassen, oder schließen. Geben Sie etwas hinter Ihren Rücken, damit Sie sich gut anlehnen können.

Gehen Sie mit Ihrer Aufmerksamkeit von außen nach innen.

Sie entspannen sich durch das bewusste Atmen immer mehr.

Probieren Sie es aus, genießen Sie es. Spüren Sie, wie sich der Atem anfühlt und Ihre Hände und Arme. Sie sind so viel mehr als Ihr Körper. So wertvoll und schön. Denken Sie liebevoll an Ihre Eigenschaften und bewusst an positive Dinge, während Sie atmen.

Atemübung 5

Atmen Sie tief durch die Nase ein , atmen Sie langsam durch den Mund aus.

Mit der Ausatmung entsteht ein Gefühl der angenehmen Schwere im gesamten Körper.

Das Becken dehnt und öffnet sich.

Bleiben Sie fünf Minuten in der Haltung und atmen Sie ganz bewusst in den Bauch.

Bei jeder Einatmung sag Sie in Gedanken (oder laut) „lass", mit der Ausatmung „los".

Übung 7

verschiedene Meditationen

loslassen und innere Freiheit

Suchen Sie sich einen bequemen Platz im Raum. Sie können sitzen oder sich auf den Rücken legen. Spüren Sie den Untergrund, auf dem Sie sich befinden. Spüren Sie, wie der Unterkiefer locker wird, wie der Atem langsam in Sie strömt. Schließen Sie die Augen. Atmen Sie langsam und tief ein und aus. Nehmen Sie wahr, wie der Atem herein und wider herausströmt. Wie kältere Luft hereinströmt und die wärmere Luft wieder heraus. Tiefe ruhige Atemzüge. Mit jedem Atemzug entspannen Sie mehr und mehr und kommen immer mehr zur Ruhe. Ein- und Ausatmen. Ein und aus. Ein und aus ... Sie kommen immer mehr bei sich selbst an. Jeder bewusste Atemzug bringt Sie Ihrem Inneren näher. Jetzt wiederholen wir in Gedanken eine oder zwei Minuten lang das Wort „LOSLASSEN". Loslassen, loslassen, loslassen ... immer wieder, in Gedanken. Immer wenn wir einatmen, denken wir „loslassen" und wenn wir langsam wieder ausatmen, denken wir „loslassen" ... alles, was wir loslassen wollen, alles, was uns Angst macht, was uns kränkt, alle Sorgen, Kümmernisse und alles Unbehagen. Wir lassen es jetzt los. Wir lassen es bewusst los. Wir spüren die Liebe, die sich in unserem Herzen ausbreitet, wir lieben und werden geliebt. Das Gefühl halten wir in unserem Herzen und lassen es mit dem Atem fließen: Liebe, Liebe ... wenn wir langsam einatmen, denken wir an LIEBE und wenn wir langsam ausatmen, denken wir an LIEBE ... Sie können Ihre Liebe zu sich und den anderen Menschen spüren. Lassen Sie jetzt dieses wunderbare Gefühl der Liebe und auch der inneren Befreiung durch das Loslassen mit dem Atem durch Ihren Körper strömen. Einatmen, ausatmen. Sie können diese Gefühle immer und überall abrufen. Sie habe sie immer bei sich, in sich. Atmen Sie noch einmal tief ein: Das Gefühl steckt in Ihnen, Sie können es überall und zu jeder Zeit abrufen. Atmen Sie jetzt mit tiefen Atemzügen in den Bauch. Atmen Sie dreimal, so tief Sie können, ein und aus. Dann versuchen Sie, Ihre Aufmerksamkeit wieder in die Gegenwart zu lenken. Bewegen Sie die Hände, den Kopf und die Beine. Drehen Sie sich etwas oder stehen Sie auf.

Übung 8

Meditation fürs Herz:

Kleine Ruhepause, Atempause, Stressabbau, zur Ruhe kommen

Aufrecht gerade hinsetzen, Schultern entspannen, Augen schließen, einlassen, tief atmen, anfangen die Atmung zu beobachten, bei jedem Einatmen denken Sie an das Wort „ein" und beim Ausatmen denken Sie an das Wort „aus", immer wieder tief und ruhig ein und ausatmen. Beim Einatmen denken Sie „ein" und beim Ausatmen „aus". Hände auf den Bauch atmen Sie in den Bauch hinein ganz tief – tief ein und tief wieder aus, spüre wie sich die Bauchdecke hebt und beim Ausatmen wieder senkt. Tief und ruhig ein und ausatmen. Bei jedem Einatmen denken wir „ein" und bei jedem Ausatmen denken sie „aus" – alle anderen Gedanken einfach weiter ziehen lassen, woanders hinlenken und nur auf die Atmung konzentrieren. Beim Einatmen „ein", denken und beim Ausatmen, „aus" denken – tief in den Bauchraum ein und ausatmen, der Bauch dehnt sich wie ein Luftballon, der sich aufbläst und wieder Luft ablässt, aufbläht und wieder leer wird und bei jedem Einatmen denken wir wieder „ein" und bei jedem Ausatmen „aus" – nichts tun, nur atmen und ein und aus denken Sie kommen immer mehr zur Ruhe, einatmen und ausatmen – spüren Sie in den Bauch atmen Sie tief und ruhig ein und wieder aus ... Wiederholen Sie bei jedem Einatmen das Wort „ein" und beim Ausatmen das Wort „aus". Spüren Sie, wie sie ruhiger werden. Kommen Sie langsam wieder zu sich, öffnen Sie die Augen. Sie können diese Übung überall anwenden, wann und wo Sie das Gefühl haben, eine kleine Ruhepause zu benötigen.

Übung 9

Fantasiereise

innere Freiheit

Vielleicht kann Ihnen die Geschichte jemand vorlesen. Oder Sie sprechen Sie auf ein Tonband (das am Handy zum Beispiel), dann können Sie es anhören, wann immer Sie wollen.

Waldspaziergang:

Setzen Sie sich bequem hin. Sie können auch liegen. Es soll eine Position sein, in der Sie sich wohlfühlen. Die Hände, Füße, Arme und Beine liegen bequem. Dann atmen Sie tief ein. Atmen Sie besonders lange aus. Lassen Sie den Atem fließen. Sie können die Augen schließen.

Stellen Sie sich vor, Sie gehen in den Wald hinein. Sie spüren den moosigen weichen Untergrund und riechen den Duft der Bäume, des Mooses und der Waldpilze. Sie sehen ein paar Sonnenstrahlen durch die Blätter der Bäume herein strahlen. Nehmen Sie die Wärme der Sonnenstrahlen wahr, wenn Sie auf Ihre Haut treffen. Alles ist ganz ruhig. Sie hören leise Vogelstimmen. Sie sehen Pilze. Die Farbe der Pilze ist milchig gelb und an den Rändern sind sie bräunlich. Solche Pilze haben Sie noch nie gesehen. Sie beugen sich hinunter, um die Pilze aus der Nähe zu betrachten. Sie entdecken kleine braune Punkte auf den Deckeln der Pilze. Das können

Sie aus der Nähe erkennen. Ob man die essen kann, denken Sie?

Sie gehen langsam und bedacht tiefer in den Wald hinein. Ein Stück entfernt sehen Sie ein kleines Reh, das sie nicht bemerkt. Ganz leise gehen Sie weiter, um es nicht zu erschrecken. Das Reh frisst an einem Stück Blatt und ist ganz darin vertieft. Es hat schöne große braune Rehaugen und das Fell schaut aus der Nähe flauschig aus. Sie gehen langsam an dem Reh vorbei, es hat Sie immer noch nicht bemerkt. Sie sind ganz leise und vorsichtig. Einen Schritt langsam nach dem Anderen. Sie schauen auf den Boden, damit Sie nicht aus Versehen auf einen Ast treten, der dann knacken und das Reh erschrecken könnte. Sie sehen einen Ast, der vor Ihnen liegt und gehen um ihn herum.

Dann kommen Sie an eine Lichtung. Die Sonnenstrahlen werden kräftiger. Sie spüren die Wärme der Sonne. Es duftet nach frischem Gras und nach Wiesenblumen. Der Boden fühlt sich weich an und es tut den Füßen gut, darauf zu gehen. Sie nehmen den Klang der Vogelstimmen wahr und das Summen von Bienen.

Sie gehen weiter. Schließlich kommen Sie an einen Bach. Sie hören ihn plätschern. Am Rande des Baches blühen schöne rote Blumen. Farn und Gräser gesellen sich dazu. Das Plätschern des Wassers ist angenehm und Sie fühlen, wie eine tiefe Ruhe sich in Ihnen ausbreitet. Sie strecken eine Hand nach dem Wasser aus und greifen ein wenig hinein. Sie spüren die Nässe an den Händen und wir das Wasser die Finger heruntertropft. Sie lassen die Hände im Wind trocknen. Ein Windhauch streift Ihre Wange, die kleine Abkühlung tut gut. Sie gehen den Bachlauf entlang. Das Plätschern und das Rauschen des Windes lassen Sie schläfrig werden. Die legen sich in das weiche Gras. Es fühlt sich so geborgen an und frei. Eine Ameise erklimmt den Grashalm neben Ihrem Gesicht. Sie betrachten die Ameise, wie sie hin und her schaukelt und dann wieder den Rückweg antritt. Das duftende Gras und das leise Summen der Insekten löst eine wohlige Ruhe in Ihnen aus.

Sie entschließen sich, aufzustehen und Ihren Weg fortzusetzen. Sie nehmen wieder einen Weg, der vom Bach weg in den Wald führt. Langsam ist es Zeit, zurückzugehen. Sie nehmen noch einmal den Geruch des Waldes wahr und hören das Zwitschern der Vögel. Sie blicken zurück in den Wald, da steht wieder das Reh. Sie verabschieden sich vom Reh, vom Bach, der ein Stück des Weges Ihr Begleiter war und Sie verabschieden sich von den Bäumen.

Sie atmen wieder ganz tief ein und besonders langsam aus. Sie fühlen sich gut, ausgeruht, entspannt und voller Kraft. Sie sind ganz wach.

Übung 10

Progressive Muskelrelaxation (Jacobson)

Entspannung

Bei der progressiven Muskelrelaxation geht es darum, die Möglichkeit zu erhalten, sich überall, wo man sich gerade befindet, zu entspannen. Wenn Sie den ganzen Tag am Schreibtisch sitzen und sich schon jede Bandscheibe in Ihrem Rücken bemerkbar macht, der Popo vom Sitzen schmerzt und die Fußsohlen brennen, können Sie sich diese Entspannungstechnik gönnen.

Setzen Sie sich entspannt hin.

Die Hände liegen locker auf den Beinen. Jetzt spannen Sie die Hände an, indem Sie sie zu Fäusten ballen. Nur so viel, dass ein leichter Druck entsteht. Nicht fest zu zusammenpressen, nur so, dass ein Druck spürbar ist. Halten Sie die Spannung für 2 bis 3 Sekunden. Dann lassen Sie langsam, ganz langsam locker. Machen Sie dasselbe mit den Unterarmen. Spannen Sie sie an und halten Sie die Spannung wieder für einige Sekunden. Sie können sich dabei an Ihrer Atmung orientieren. Dreimal tief ein und aus atmen, lang halten Sie die Spannung, um dann wieder ganz langsam locker zu lassen. Gleich verfahren Sie mit dem Kopf, der Stirn, dem Nacken, den Schultern, der Nase, dem Mund, dem Hals. Gehen Sie den ganzen Körper durch. Wenn Sie in Ihrem Körper Verspannung spüren, können Sie diese Übung genau an der verspannten Stelle durchführen.

Übung 11

Autogenes Training

ausgleichen von Empfindungen

Autogenes Training ist eine Methode zur Entspannung. Man kann es gut selbst erlernen.

Es dient auch dem Stressabbau. Die Methode ist wissenschaftlich anerkannt und die Wirkung tritt unmittelbar ein, das bedeutet, Sie können sich unmittelbar damit entspannen.

Entwickelt wurde die Methode von Professor J.H. Schultz aus der Hypnose heraus.

Es gibt Grundübungen, die man erlernen kann. Dadurch kommen Sie in einen Zustand der inneren Ruhe und können sogar Ängste abbauen. Wenn Sie die Übungen regelmäßig anwenden, können Sie bald zur positiven Gewohnheit werden. Ihre Ziele können dadurch besser erreicht werden.

Sie erlernen, den Stress im Alltag besser zu bewältigen und bei regelmäßiger Anwendung gelingt es, den Stress erst gar nicht aufkommen zu lassen.

So starten Sie: Suchen Sie sich einen ruhigen Ort. Sie können liegen oder auch sitzen. Nehmen Sie sich ca. 15 bis 20 Minuten Zeit. Am besten wäre es, wenn Sie nicht dabei gestört werden.

Schließen Sie nun Ihre Augen und atmen sie mehrmals ganz tief ein und aus.

Es folgen jetzt einige Formeln, die Sie sich in Ruhe durchlesen. Beginnen Sie dann, die einzelnen Formeln nachzusprechen. Das können Sie laut tun oder in Gedanken. Wie es für Sie am besten passt.

Ich bin ruhig, ich bin gelassen und ruhig.

Mein linker Arm wird schwer, mein rechter Arm wird schwer, mein linkes Bein wird schwer, mein rechtes Bein wird schwer. Meine Arme sind schwer, meine Beine sind schwer.

Mein linker Arm wird warm. Mein rechter Arm wird warm. Mein linkes Bein wird warm. Mein rechtes Bein wird warm. Meine Arme sind warm. Meine Beine sind warm.

Mein Atem fließt ruhig und regelmäßig.

Mein Herz schlägt gleichmäßig und ruhig.

In meinem Bauch ist es wohlig warm.

Meine Stirn ist kühl und entsannt.

Wenn Sie die Übung zum Einschlafen nutzen wollen, dann lassen Sie es auf sich wirken, nachdem Sie die einzelnen Sätze mehrmals wiederholt haben. Wenn Sie danach aber noch etwas tun möchten, dann ist es sinnvoll, eine weitere Übung zu machen, die Sie wieder zurückbringt: Sie sagen sich: Meine Arme sind fest. Dabei spannen Sie die Arme an, am besten, indem Sie sie anwinkeln. Dann die Beine: Meine Beine sind fest. Wieder anspannen. Sie holen sich aktiv wieder zurück ins Hier und Jetzt.

Sie können mit der Zeit die Augen geschlossen halten, während Sie diese Übungen machen. Die Sätze werden Sie sich mit der Zeit gut merken können. Wiederholen Sie die Übung mehrmals und wenden Sie sie 2 bis 3 Mal in der Woche an. Je länger Sie diese Methode anwenden, desto entspannter werden Sie sich fühlen. Ich wünsche viel Freude beim Entspannen!

Übung 12

Sport

lösen von Anspannung

Je nachdem, welcher Typ Sie sind, werden Sie sich sehr gerne oder weniger gerne bewegen. Da wir aber zu dem Schluss gekommen sind, Bewegung sei hilfreich, wenn wir Spannung abbauen wollen und auch für unser Herzkreislaufsystem nicht ganz unwichtig, werden wir versuchen, sie in unseren Tages- oder Wochenplan einzubauen. Schon 2 bis 3 Mal in der Woche 20 Minuten können enorm viel bringen. Ich selbst bin ein bekennender Bewegungsmuffel, deshalb sitze ich jetzt ja gerade hier und schreibe, anstatt mich mittels Walkingstöcken durch die Landschaft zu bewegen. Aber selbst ich habe mir angewöhnt, auf folgende Dinge zu achten: Wenn ich die Wahl habe, den Lift oder die Treppen zu nehmen, nehme ich die Treppen. Ich habe auch mit einer Nachbarin vereinbart, dass sie mich zum Laufen mitnimmt. Alleine würde ich das niemals tun, aber sie motiviert mich dazu. Wir laufen nur ganz langsam und nicht sehr lange. Ich muss mich immer überwinden, aber wenn es dann vorbei ist und ich mich so voller Energie fühle, aufgetankt mit frischer Luft, dann bin ich doch froh und auch stolz auf mich. Ich habe auch ein Fahrrad. Wann immer es mir möglich ist und ich nicht gerade vorhabe, den halben Supermarkt leer zukaufen, dann schwinge ich ich auf meinen Drahtesel. Mit einem Rucksack bewaffnet, kaufe ich dann ein paar Sachen ein und fahre wieder gemütlich nachhause. Ich bin dazu nicht lange unterwegs, habe aber das Gefühl, etwas für meinen Geist und meinen Körper getan zu haben.

Sie selbst können sich für sich überlegen, wo und wie Sie Bewegung in Ihr Leben einbauen können. Sie selbst wissen am besten, was möglich ist und was nicht. Es geht einfach darum, sich bewusst zu machen, dass Bewegung ein wichtiger Bestandteil für unser Wohlbefinden ist. Dann werden Sie auch einen Weg finden, in Bewegung zu kommen. Viel Erfolg!

Übung 13

Gesunde Ernährung

Selbstachtsamkeit

Mit der gesunden Ernährung ist das so eine Sache. Wir hören und lesen viel, was gesund ist und was ungesund. Das sind so viele Informationen, dass man sich oft nicht auskennt. Finden Sie einfach Ihren eigenen Weg, ganz nach Ihrem Geschmack. Zuerst einmal: Ein Übermaß schadet immer. Auch vom gesunden Salat mit Vollkornbrötchen kann es ein zu viel geben. Also erste Regel: In Maßen essen.

Ich werde hier nicht Rezepte anführen, aber es ist hilfreich zu wissen, was meine Stimmung verbessern kann, wie ich durch Ernährung meinem Körper helfen kann, gesund zu bleiben. Wir beschäftigen uns meistens erst mit unserer Gesundheit, wenn wir krank werden. Wenn wir uns aber bewusst machen, dass wir von der falschen Ernährung krank werden können, warum verändern wir dann nicht unsere Gewohnheiten noch bevor wir erkranken? Hier geht es nun aber weniger um das Erkranken, sondern um unsere Stimmung, unsere Empfindungen. Unser Körper stellt überwiegend selbst Serotonin her. Das ist ein Botenstoff, der unseren Nervenzellen dient. Bei der Ausschüttung empfinden wir Glück. Serotonin steuert in unserem Körper nicht nur das Glücksgefühl, sondern auch das Sättigungsgefühl, die Harmonie, Gelassenheit und die Zufriedenheit. Wenn wir an einem Mangel an Serotonin leiden, werden wir depressiv, haben Angst und sind eher aggressiv, unser Appetit ist gesteigert. Daher ist es notwendig, auf unseren Serotoninspiegel zu achten. Das können wir tun, indem wir die Aminosäure Tryptophan zuführen, denn das braucht der Körper für die Herstellung von Serotonin. Die befindet sich in verschiedenen Lebensmitteln: in Bananen, Datteln, Cashewnüssen, Kichererbsen, Avocados, Quinoa, in Chili und in dunkler Schokolade.

Übung 14

Farben bewusst ins Leben holen

Lebensfreude

Wer Farben liebt, bejaht das Leben, hat meine Oma immer gesagt. Da liegt schon viel Wahrheit in diesem Sprichwort. Zunächst einmal ein kleiner Exkurs zur Bedeutung der einzelnen Farben. Rot steht für Energie und regt laut neueren Erkenntnissen auch den Appetit an, grün wird uns mit der Umwelt und der Natur in Verbindung bringen, sie drückt auch Wachstum, Harmonie und Stabilität aus. Blau ist eher beruhigend, wird auch oft in Schlafzimmern verwendet, da man damit besser einschläft. Ein hellerer Violett-Ton wird verspielt wirken und ein dunkles Violett drückt Dekadenz aus, wir verbinden es in Kombination mit Gold auch mit den reichen Verzierungen in einem prunkvollen Saal. Die Farbe Schwarz ist in ihrer Wirkung eher düster und ihr wird eine gewisse depressive Ausstrahlung zugesagt. In der Mode steht sie allerdings für Exklusivität und für Designer ist sie eine der meistgenutzten Farben. Ebenso grau.

Wenn wir uns jetzt aber Lebensfreude ins Haus holen möchten, werden wir unsere Wände eher nicht schwarz streichen. Je nachdem, welcher Typ Sie sind, wird es wohl eine strahlende, kräftige Farbe sein. Was tun wir nun mit den Farben, damit sie uns Freude bringen? Ich kann ein Bild malen. Dazu verwenden wir am besten Acrylfarben. Und eine Leinwand. Beides erhält man im Papierfachhandel. Dann suche ich mir ganz nach meinem Bauchgefühl Farben aus und male drauflos. Geben Sie Ihrem Gefühl eine Farbe. Eine Form. Bringen Sie mit den Farben und Formen zum Ausdruck, was sich in Ihrem Inneren abspielt. Das tut gut. Wenn Sie es sich dann betrachten, wird vieles klarer. Und die Farben werden helfen, sie werden dabei unterstützen. Sie können auch bewusst ein buntes T-Shirt anziehen. Wenn Sie sich trauen, kann es auch ein ganzes buntes Outfit sein. Das zaubert Ihnen automatisch ein Lächeln ins Gesicht und auch den Menschen, denen Sie begegnen. Sie können auch ganz bewusst die Farben in Ihrer Umgebung betrachten. Im Wald die Farben der Bäume, des Himmels, der Sonne. Auf der Wiese das Grün des Grases und die Farben der Blumen. Oder die Farben in Ihrem Zimmer. Ganz bewusst und aufmerksam betrachten Sie die Farben. Lassen Sie sich dafür Zeit.

Übung 15

Selbstliebe

Achtsamkeitsübungen:

Es gibt viele unterschiedliche Achtsamkeitsübungen. Die meisten dieser Übungen stammen aus fernöstlichen Ländern. Achtsamkeitsübungen dienen der Entspannung, der Einkehr in unseren inneren Frieden. Sie helfen uns dabei, achtsamer, aufmerksamer mit uns selbst und unserem Umfeld umzugehen, alles bewusster wahrzunehmen. Die folgende Übung habe ich so gestaltet, dass sie wirklich gut tut. Also ermutige ich Sie, sich darauf einzulassen. Sie können aber auch alles für sich selbst umgestalten. Haben Sie Mut und probieren Sie einfach ein bisschen herum. Vielleicht mögen

Die Übung:

Wenn Sie möchten, können Sie sich auf einen Stuhl setzen. Die Fußsohlen beider Beine berühren den Boden. Die Körperhaltung sollte möglichst aufrecht sein. Sie spüren die Verbindung zum Fußboden und damit auch die Verbindung mit dem Haus, in dem Sie sich befinden. Lehnen Sie sich an und richten den Körper auf. Ist das bequem? Dann passt die Haltung. Die Wirbelsäule ist einigermaßen gerade und ergibt mit dem Kopf eine Linie. Die Unterarme können sie ganz bequem auf die Beine legen, dadurch entspannen sich die Schultern, sie werden entlastet.

Gehen Sie nun den Körper von oben nach unten durch. Wir spüren die Kopfhaut – wie ist die Spannung? Runzeln Sie kurz die Stirn – dann wieder locker lassen – jetzt wird sich die Kopfhaut entspannter anfühlen. Sie können das in der Intensität machen, die für Sie gerade angenehm ist. Gehen wir jetzt von oben nach unten die einzelnen Körperteile durch. Die Muskeln um die Nase und den Mund, die Zunge, liegt sie entspannt im Mund? Ist der Unterkiefer gelockert? Alle Gefühle und Gedanken dürfen sein. Lassen Sie sie zu. Der Hals und der Nacken haben jetzt unsere Aufmerksamkeit. Sie können, um es intensiver zu erleben, die Muskelbereiche etwas anspannen und dann wieder locker lassen. Die Entspannung wird spürbar. Sie fühlen, wie es leichter und lockerer wird? Alle Gefühle und Gedanken und Wahrnehmungen sind willkommen.

Wo sind Ihre Oberarme, Unterarme und Hände? Wie fühlen sie sich an? Auch hier kann wieder etwas Anspannung ausgeübt werden, um sie dann wieder locker zu lassen. Wie ist das? Was fühlen Sie gerade? Alles, was Sie gerade wahrnehmen, ist in Ordnung.

Der Brustkorb hebt und senkt sich. Im oberen Rücken können Sie bemerken, dass sich der Brustkorb bei jedem Atemzug bewegt. Die Muskeln machen eine kleine Bewegung. Atmen Sie bewusst ein und aus. Gibt es einen Unterschied zwischen dem unbewussten und dem bewussten Atmen? Was immer für Gedanken und Gefühle auftauchen, sie sind in Ordnung. Wir gehen weiter zu Bauch, Becken, Po, dann zu den Oberschenkeln und den Unterschenkeln. Auch hier wieder eine kleine Anspannung, so viel Sie vertragen und sich gut anfühlt, um dann wieder locker zu lassen. Sie spüren die Entspannung, die in den Muskeln entsteht.

Sie sitzen im Raum und fühlen und spüren sich achtsam selbst. Sie können die Position wechseln oder sitzen bleiben. Was denken Sie? Was fühlen Sie? Was spüren Sie im Körper? Sind angenehme Gefühle da? Kreisen die Gedanken im Kopf oder ziehen sie vorbei ... vielleicht achten Sie einfach darauf, was Ihnen da so durch den Kopf geht und lassen es dann vorbeiziehen. Alle Gefühle und Gedanken dürfen vorbeiziehen, dürfen weitermarschieren. Sie bleiben sitzen und beobachten achtsam, wertschätzend, wohlwollend das Geschehen. Taucht ein angenehmes Gefühl auf, das sie gerne behalten möchten? Was ist angenehm daran? Können sie es mit allen Sinnen wahrnehmen? Haben Sie ein Bild dazu im Kopf? Alles ist gut, alles was auftaucht darf da sein.

Gehen Sie nun nochmals alle Regionen durch, mit Ihrer vollen Aufmerksamkeit. Die Beine stehen immer noch fest am Boden. Öffnen Sie die Augen. Lassen Sie Ihren Blick durch den Raum gleiten, strecken Sie sich durch. Sie sind wieder mit Ihrem Bewusstsein in der Außenwahrnehmung angekommen.

Sie können diese Übung, wenn Sie sie schon öfter gemacht haben, ganz einfach an jedem Ort machen, an dem Sie sich gerade befinden. Man kann sich dafür richtig viel Zeit lassen oder auch in einem schnelleren Tempo vorgehen, wenn gerade nicht so viel Zeit ist. Sie können sich damit selbst beruhigen und aktiv Entspannung herbeiführen.

Übung 16

Es gibt weitere Möglichkeiten für Achtsamkeitsübungen.

Diese können frei gewählt werden, je nach Geschmack und Vorliebe.

Ich kann bewusst etwas anschauen, zum Beispiel bunte Bilder oder den schönen Wolkenhimmel, kann auch selbst etwas malen in buntesten Farben.

Ich höre das Zwitschern der Vögel und die Musik, die der Nachbar auf der Klarinette spielt. Oder einfach nur das Rauschen der Blätter beim Waldspaziergang. Ich rieche den Duft des Mooses und der Bäume. Ganz bewusst. Ich schmecke Schokolade und das kalte Eis bei meiner Lieblingskonditorei. Ich fühle den samtenen Stoffbezug des Sessels, auf dem ich sitze. Ich kann mich massieren lassen oder selbst abklopfen. Es sind den Ideen keine Grenzen gesetzt. Finden Sie für sich selbst heraus, was Sie mögen und tun Sie es – achtsam.

Übung 17

Skills

Anspannung verringern

Der Ausdruck „Skills" kommt aus dem Englischen. Übersetzt steht es für „Fähigkeiten". Es wird umgangssprachlich meist positiv gebraucht, wenn jemand besonders geschickt in etwas ist.

Skills sind Handlungen, die richtig angewandt, helfen Spannungszustände zu vermindern. Im Laufe der Zeit werden sie diese Fertigkeiten sogar unbewusst anwenden. Es gibt höchstwahrscheinlich sogar Skills, die Sie schon jetzt verwenden, um sich zu entspannen, wie zum Beispiel einen Spaziergang machen, Körperübungen oder ähnliches.

Diese Art der Stressbewältigung kann rasch helfen und in Krisensituationen wichtig sein. Wichtig ist, dass sie im Gegensatz zu selbstschädigendem Verhalten, keine negativen Einflüsse auf unsere körperliche oder seelische

Unversehrtheit haben. Viele Menschen neigen nämlich eher dazu, in stressigen oder belastenden Situationen etwas zu tun, was ihnen langfristig schaden könnte. Rauchen, Alkohol trinken oder andere Substanzen zu konsumieren gehören zu den häufigsten Bewältigungsmechanismen, die wir uns aneignen. Wer kennt es nicht, das Bier, das alle Sorgen verschwinden lassen soll.

Wenn wir Skills bewusst verwenden, ganz gezielt einsetzen, sind sie eine gute Möglichkeit, uns zu beruhigen, uns selbst zu helfen. Wir müssen aber erst lernen, uns der Skills zu bedienen. Die Übung gelingt am besten, wenn Sie sich nicht gerade in einer Ausnahmesituation befinden. Trainieren Sie also, wenn Sie relativ entspannt sind und greifen Sie dann in der Notsituation auf ihre ins prozedurale Gedächtnis übertragenen Skills zurück.

Unsere Anspannung kann in mehreren Stufen ablaufen. Mittels Selbstbeobachtung können wir erkennen, wann wir geringer angespannt sind und wann richtig stark.

Es kann auch hilfreich sein, die Stufen der Anspannung einer Skala zuzuordnen.

Geringe Anspannung von 0 bis 4,

mittlere Anspannung von 4 bis 8 und

sehr starke Anspannung von 8 bis 10.

Hier können Sie auch selbst vielleicht die passenderen Zahlen für Ihre Skala wählen, ich habe diese Zahlen ausgewählt, für mich hat diese Skalierung immer gut gepasst.

Im Folgenden finden Sie einige Ideen und Beispiele für Skills und gegebenenfalls deren Anwendung:

Skills für geringe Anspannung (0 bis 4):

Die Kamera

Setzen Sie sich auf eine Bank an einem ruhigen oder auch belebten Platz – so wie es für Sie angenehm ist. Nehmen Sie sich 10 Minuten Zeit. „Stellen Sie sich vor, Ihr Kopf wäre eine Kamera und Ihre Augen das Objektiv. Sie „filmen" alles, was

Sie sehen. Wenn Sie abgelenkt werden oder beginnen, sich Urteile über die Leute zu bilden, bemerken Sie es, lächeln Sie darüber und konzentrieren Sie sich wieder auf Ihren Film." (Bohus/Wolf 2011)

Selbstmitgefühl

Ich nehme mein eigenes Empfinden achtsam und bewusst wahr. Ich bewerte es weder positiv noch negativ. Es ist, wie es ist. Und es darf sein. Ich sehe es als normale, menschliche Erfahrung. Ich begegne meinem eigenen Leid mit Freundlichkeit, nehme es an. Erlaube mir die Gefühle, die in mir auftauchen. Es ist wichtig, sich aufkommende Gefühle zu erlauben. Dann muss der Geist, das Gehirn, nicht damit beschäftigt werden, etwas abzuwehren. Abwehr braucht nämlich viel Energie. Wenn wir zulassen, haben wir viel mehr Energie für das Annehmen und Heilen.

Selbstmitgefühlsmantra:

„Dies ist ein Moment des Leidens. Leiden gehört zum Leben. Möge ich in diesem Moment freundlich zu mir selbst sein. Möge ich mir selbst das Mitgefühl schenken, das ich brauche."

(Neff 2012)

Skills für mittlere Anspannung (4 bis 8):

Entgegengesetztes Handeln:

Wenn Sie den Impuls verspüren, aus einer Situation zu gehen, versuchen Sie sich aktiv damit auseinanderzusetzen und zu bleiben. Anstatt vor einer großen Menschenansammlung davonzulaufen, bleiben Sie und versuchen Sie, die Situation auszuhalten.

Entgegengesetztes Denken:

Versuchen Sie, realistisch zu denken und zu überprüfen, ob Ihre Ängste wirklich echt sind. Wie groß ist die Wahrscheinlichkeit, dass Sie ein Hai beißen wird, wenn Sie im Meer schwimmen?

Entgegengesetzte Körperhaltung:

Wenn Sie merken, dass Sie sich in bestimmten Situationen lieber in ein Schneckenhaus zurückziehen würden, versuchen Sie sich groß zu machen und eine aufrechte Körperhaltung einzunehmen. Wenn Sie in Meetings zum beispielsweise lieber unauffällig und im Hintergrund sind, versuchen Sie mal sich gerade hinzusetzen.

Skills für sehr starke Anspannung (8 bis 10):

- Körperliche Aktivität ist immer gut, um Spannungszustände zu reduzieren. Hüpfen Sie auf der Stelle und machen Sie Sport, um die überschüssigen Stresshormone aus Ihrem Körper abzuleiten.

- Zeigen Sie Mitgefühl für Ihre Mitmenschen. Bringen Sie sich in ein ehrenamtliches Projekt ein und nutzen Sie Ihre Energien zu einem guten Zweck.

- Tun Sie etwas Lustiges! Sehen Sie sich lustige Videos an oder schauen Sie einen lustigen Film.

- Vor einer Präsentation kann man Stresszustände gut mit der eigenen Atmung kontrollieren. Tief ein- und ausatmen oder beim Atmen mitzählen, sind bewährte Techniken.

- Entspannungstrainings sind großartig, um den Puls wieder runterzufahren.

- Sehen Sie sich die Geschichten von Personen an, die es um einiges schlechter haben als Sie und lernen Sie wertzuschätzen, in welchem Reichtum Sie leben.

- Machen Sie Gehirnsport! Gehen Sie das Einmaleins im Kopf durch oder versuchen Sie, alle Hauptstädte Europas aufzuzählen.

- Machen Sie eine Imaginationsreise an einen Ort, an dem Sie sich pudelwohl fühlen!

- Versuchen Sie, Situationen neu zu bewerten. Anstatt zu denken: "Oh nein, es regnet und ich bin mit dem Fahrrad unterwegs!", denken Sie: "Jetzt habe ich endlich Zeit für einen ausgedehnten Spaziergang."

- Machen Sie eine Pause, in der Sie sich mit etwas gänzlich anderem beschäftigen als vorher.
- Wenn Sie religiös sind, kann Ihnen auch ein Gebet helfen. Anderen Menschen hilft eventuell eine kurze Meditation.
- Versuchen Sie in schwierigen Momenten, Ihre Gedanken gezielt auf etwas Positives zu stören. Ermutigen Sie sich selbst, indem Sie sich an Situationen erinnern, die Sie schon gemeistert haben.
- Nutzen Sie all Ihre Sinne bewusst. Sie sollten genau hinsehen, was sich in Ihrer Umgebung befindet. Ihr Geschmacks-, Gehörs-, Geruchs- und Tastsinn können durch aktive Übungen geschärft werden und bringen Sie weg von ihren störenden Gedanken hin ins Hier und Jetzt.

Übung 18

Selbstliebe

Nennen Sie mindestens 3 Dinge, von denen Sie glauben, dass andere an Ihnen lieben:

Nennen Sie mindestens 3 Talente, die Sie haben:

Nennen Sie mindestens 3 Dinge, für die Sie sich loben möchten:

Nennen Sie mindestens 3 Dinge, die Sie in Ihrem Leben bereits geschafft haben, auf die Sie stolz sind:

Nennen Sie mindestens 3 Dinge, für die Sie dankbar sind in Ihrem Leben:

Nennen Sie mindestens 3 Dinge, für die Sie sich loben wollen:

Übung 19

Selbstliebe

Stellen Sie sich vor den Spiegel und sagen Sie zu Ihrem Spiegelbild: „Ich (Name) liebe mich und

akzeptiere mich genau so, wie ich bin." Lächeln Sie sich dabei an. Wiederholen Sie das täglich, vielleicht mehrmals. Damit Sie nicht darauf vergessen, kleben Sie ein Erinnerungs-Post-it an den Spiegel.

Übung 20

Selbstliebe – Körper

Stellen Sie sich wieder vor den Spiegel. Betrachten Sie Ihren Körper. Nennen Sie nun 7 Dinge, die Sie an Ihrem Körper lieben. Dazu gehört auch, wofür Sie Ihrem Körper dankbar sind. Sie haben mit der Hilfe Ihres Körpers schon viel getan, geschafft.

Überlegen Sie sich jetzt 3 Dinge, was Sie Ihrem Körper Gutes tun können. Tun Sie diese Dinge gleich, oder zumindest zeitnah.

Übung 21

Negative Glaubenssätze aufgeben

Überlegen Sie sich einen negativen Glaubenssatz in ihrem Leben. Am besten einen, der momentan sehr stark ist. Vielleicht ist Ihnen einer beim Lesen dieses Ratgebers bewusst geworden.

Schreiben Sie diesen Glaubenssatz auf. (Negative Glaubenssätze könnten zum Beispiel sein: Ich bin es nicht wert, geliebt zu werden, ich bin wertlos, ich habe nie genug Geld, ich werde immer so ... bleiben, ich bin eine schlechte Mutter ...)

Notieren Sie diesen negativen Glaubenssatz. Dann denken Sie nach, schauen Sie ganz genau in sich hinein, versuchen Sie herauszufinden, woher dieser Glaubenssatz kommt. Wer hat ihn zu Ihnen gesagt, wie ist er entstanden? Vielleicht war es ein Lehrer, die Mutter, oder ein Freund, der diesen Satz früher immer zu Ihnen gesagt hat?

Notieren Sie sich das. Wenn Sie eine Antwort gefunden haben, auch wenn Sie keine Antwort gefunden haben, sagen Sie zu sich selbst: Dieser Satz ist nicht von mir. Den habe ich nicht gesagt. Er stammt nicht von mir, also hat er auch nichts mit mir zu tun.

Finden Sie nun das positive Gegenteil von diesem Satz (Zum Beispiel: ich habe genug Geld, ich bin eine super gute Mutter, ich bin es wert, geliebt zu werden ...)

Nehmen Sie sich dafür etwas Zeit. Der negative Satz soll sich wirklich richtig anfühlen, probieren Sie so lange mit der Formulierung herum, bis sie das Bauchgefühl haben: Ja, so stimmt das, so ist das bei mir. Schreiben Sie sich nun noch 10 gegenteilige positive Sätze mit derselben Bedeutung auf ein Blatt Papier. Den negativen Satz können Sie in kleine Stücke zerreißen oder in einer Flamme verbrennen. Sozusagen als Ritual, um ihn loslassen zu können.

Den Zettel mit den positiven Sätzen können Sie sich auf Ihr Nachtkästchen legen und jeden Abend vor dem Einschlafen durchlesen.

Übung 22

Selbstliebe

Stellen Sie sich vor, dass Sie sich zu 100 % selbst lieben. Woran würden Sie es erkennen? Sie fühlen sich vollkommen frei, haben keinerlei Selbstzweifel. Was würden Sie anders machen? Was würden Sie sich trauen? Was würden Sie nicht mehr machen, was loslassen? Was würden Sie über sich und Andere sagen?

Notieren Sie sich dazu mindestens 7 Dinge.

Übung 23

Entlastung, innere Freiheit

Stellen Sie sich zwischendurch einmal an ein geöffnetes Fenster und atmen Sie mehrmals tief ein und aus. Heben Sie beim Einatmen die Arme über den Kopf und stellen Sie sich vor, dass Sie Liebe einatmen. Beim Ausatmen senken Sie die Arme und stellen Sie sich vor, dass Sie alles ausatmen, was Sie belastet. Wiederholen Sie das Ganze mehrfach. Machen Sie diese Übung mehrmals am Tag.

Übung 24

Bedürfnisübung

Nehmen Sie sich ein Blatt Papier und schreiben Sie sich auf, welche Ihre Bedürfnisse sind. Was brauchen Sie, um sich wohl zu fühlen, gut arbeiten zu können, sich zu entspannen,

(Zum Beispiel: ich bin gerne alleine, ich brauche Ruhe, ich brauche Gesellschaft, ich brauche Ordnung und Struktur, ich brauche niemanden, der mir Anweisungen gibt, ...)

Schreiben Sie sich mindestens 5 solcher Bedürfnisse auf, die Sie haben. Wenn Sie sich einmal nicht wohlfühlen, nehmen Sie den Zettel zur Hand und sehen nach, welches Bedürfnis gerade nicht erfüllt wird. Denn das ist dann der Grund für Ihr Unwohlsein.

Übung 25

Auszeit Übung

Gönnen Sie sich eine Auszeit. Machen Sie wieder einmal einen langen Spaziergang und genießen Sie bewusst diese Zeit mit sich selbst. Einmal in der Woche gönnen sie sich das. Ein Date nur mit sich selbst alleine. Sie können in den Wald gehen und dort ganz bewusst auf den Geruch, die Vogelstimmen, das Blätterrauschen und die Sonnenstrahlen achten. Atmen Sie bewusst ein und aus, spüren Sie, wie Ihre

Lungen sich mit der gesunden Waldluft füllen. Nehmen Sie sich etwa von Ihrem Spaziergang mit. Einen schönen Stein oder einen Tannenzapfen.

Sie werden sehen, wie wohltuend diese Auszeit für Sie sein wird. Sie haben es sich verdient.

Übung 26

Schwächen akzeptieren

Zunächst einmal müssen wir versuchen, unsere Schwächen zu verstehen. Wir finden heraus, welche Schwächen wir haben (Wenn es denn wirklich Schwächen sind, denn es kommt auch immer auf den Winkel der Betrachtung an). Dann finden wir heraus, wodurch sie verursacht werden. Sie können sich an dieser Stelle selbst Gedanken über Ihre Schwächen` machen. Es ist ein Zeichen von Stärke, sich Schwächen eingestehen zu können. Sie können aus jeder Schwäche eine Stärke machen. Sie können sie als Ansporn nehmen, sich mehr zu bemühen, Sie können bewusst dazu stehen, es kann auch Ihr Markenzeichen werden, Sie können einen Sinn darin finden, Sie können Sie einfach annehmen. Um das mit unseren Schwächen tun zu können, müssen wir erst einmal kennen. Und dann können Sie sich fragen, wer diese Eigenschaften als Schwäche bewertet hat. Waren Sie das selbst, war es jemand aus Ihrer Kindheit oder sind die Menschen in Ihrem jetzigen Umfeld dieser Meinung, dass diese Eigenschaften eine Schwäche sind? Überlegen Sie sich, wie sie das sehen. Entscheiden Sie ganz alleine für sich selbst, wie Sie das bewerten möchten. Ob Sie die Kriterien übernehmen wollen, die Andere für Sie ausgesucht haben. Nach deren Bewertungsmuster. Das ist nicht Ihres! Bewerten Sie neu, ganz für sich selbst. Dann können Sie sehen, welche Schwächen noch stehen bleiben, mit denen können Sie dann arbeiten. Sie können sich überlegen, wie Sie diese Schwäche vielleicht verringern können, sich verbessern. Sie können Ihren Blick darauf legen, was Ihre Stärken sind und diese Stärken. Sie können sich mit Anderen treffen und einander unterstützen, die auch eine ähnliche Schwäche wie sie selbst haben, zum Beispiel in einer Selbsthilfegruppe. Beginnen Sie,

Menschen aus Ihrer Vergangenheit zu verzeihen, wenn diese vielleicht Ihre Schwäche verursacht haben. Sie könnten auch Ihre Schwäche als Herausforderung sehen, um in diesem Bereich große Erfolge zu erzielen, und Sie können sich Vorbilder suchen. Menschen, die dieselbe Schwäche haben und diese überwunden haben (zum Beispiel ein Mensch im Rollstuhl, der bei den olympischen Spielen gewonnen hat). Fazit: Sie stärken Ihre Stärken und versöhnen sich mit Ihren Schwächen.

Übung 27

Selbstregulation

Sich selbst umarmen

Diese Übung ist sehr gut, um sich selbst zu regulieren und zu stabilisieren. Sie wird auch in der Traumatherapie angewendet. Sie legen die Hände kreuzweise auf die Brust, die linke Hand liegt auf der rechten Seite, die rechte Hand liegt auf der linken Seite. Man kann die Hände auch kreuzweise auf die Oberarme legen. Natürlich können Sie auch jemanden bitten, Sie zu umarmen. Aber manchmal ist niemand da und dann kann man sich auch sehr gut selbst umarmen. Sie können sich dabei auch sanft streicheln, das verstärkt die beruhigende Wirkung.

Übung 28

Klopfen

Haben Sie manchmal schwitzige Hände, ein flaues Gefühl in der Magengegend, Traurigkeit oder Angst? Dann ist das die beste Übung, um diese Dinge loszuwerden.

In unserem Körper gibt es unterschiedliche Energiebahnen. Wir nennen sie Meridiane. Es entstehen oft Blockaden, die durch diese Übung gelöst werden können. Der Bereich in unserem Gehirn, der für die Angst zuständig ist, heißt Amygdala. Dort wird unsere Angst gesteuert. Das ist wichtig, denn wenn eine Gefahr auf uns zukommt, sendet das Gehirn blitzschnell einen Impuls aus. Dann flüchten wir, verstecken uns oder greifen vielleicht unseren Feind an. Die Themen, die in uns Angst auslösen, sind aber meistens gar nicht lebensgefährlich. Zum Beispiel, wenn wir einen Vortrag vor vielen Menschen halten sollen und uns davor fürchten. Der Gedanke daran kann Angst auslösen. Die Amygdala sendet wieder aus: Achtung, Gefahr, weil wir ja Angst haben. Aber es ist ja keine Gefahr, die unser Leben bedrohen könnte. Das Gehirn kann nicht unterscheiden zwischen diesen Ängsten vor einem Vortrag und einer reellen Lebensgefahr. Also ist unser Körper angespannt und gestresst. Durch die Klopfmethode können wir nun diesen Stress abbauen. Das Klopfen beruhigt die Amygdala. Ich beschreibe nun den Vorgang (es gibt auch viele Videos dazu im Internet, die man sich ansehen kann, wenn Sie sich in dieses Thema vertiefen möchten)

Überlegen Sie sich, wovor Sie Angst haben.

Das kann zum Beispiel sein, einen Vortrag vor vielen Menschen zu halten. Überlegen Sie für sich, was Ihnen Angst macht.

Dann notieren Sie sich:

Auch wenn ich davor Angst habe, vor vielen Menschen zu sprechen, liebe und akzeptiere ich mich so, wie ich bin.

Nehmen Sie sich Zeit dafür, das Gefühl der Angst auch wirklich zu spüren, bevor Sie mit der Übung beginnen. Das ist wichtig. Wie stark spüren sie die Angst auf einer Skala von 1 bis 10?

Und dann beginnen Sie mit dem Klopfen der Energiebahnen. Zuerst an der Seite des Handrückens beidseitig, dann oben auf dem Kopf (an der obersten Stelle mittig), an den Augenbrauen beidseitig, an den Innenseiten der Augen beidseitig und an den Außenseiten beidseitig, unter der Nase, unter dem Mund, rechts und links am Brustkorb (dort wo die Thymusdrüse sitzt), und unter den Rippen beidseitig. Klopfen Sie an jeder Stelle ca. 10 Mal. Gehen Sie alle Bereiche durch. Wiederholen Sie den Vorgang 3 Mal. Sagen Sie dabei den Satz, den Sie sich notiert haben.

Sie werden merken, wie langsam der Stress weicht und die Angst sich verringert. Sie können dazu wieder auf die Skala von 1 bis 10 achten. Dann formulieren Sie den Satz, den Sie zu Beginn aufgeschrieben haben, positiv. Zum Beispiel, wenn Sie Angst vor dem Vortrag haben, heißt der positive Satz: Ich bin gelassen und ruhig, wo immer ich mich befinde. Das müssen Sie dann für sich formulieren.

Jetzt klopfen Sie wieder in angegebener Art und Weise alle Meridian-Punkte durch. Sagen Sie dabei den positiven Satz. Wiederholen Sie den Vorgang wieder 3 Mal. Damit festigen Sie den positiven Satz in Ihrem Gehirn. Die Übung dauert insgesamt ca. 10 Minuten.

Tipp: Sie können alle schriftlichen Notizen zu diesen Übungen in einer Mappe aufbewahren. Dort können Sie sie nach Bedarf ansehen und sich wieder daran erinnern.

Sie haben nun ganz viel darüber erfahren, wie Sie Ihr Leben selbst bereichern und positiv gestalten können. Sie haben sich entschieden, Veränderung in Ihr Leben zu lassen. Sie haben erfahren, dass Sie an verschiedenen Kreuzungen, an die man im Laufe des Lebens gelangt, den richtigen Weg für sich finden können, der in Richtung innerer Frieden, Glück und Lebensfreude führt. Das ist großartig. Sie sind großartig!

Es war mir eine Freude und Ehre, Sie dabei ein Stück begleitet haben zu dürfen.

Quellenverzeichnis und Literaturempfehlungen

Bohus, M., Wolf, M. (2011). Interaktives Skills-Training für Borderline-Patienten. Manual zur CD-ROM für die therapeutische Arbeit. 1. korrigierter Nachdruck. Schattauer. Brähler, Ch. (2020).

Neue Wege aus der Einsamkeit: Mit Selbstmitgefühl zu mehr Verbundenheit. Irisiana. Germer, Ch. (2015).

Der achtsame Weg zum Selbstmitgefühl: Wie man sich von destruktiven Gedanken und Gefühlen befreit. 1. Auflage. Arbor. Neff, K. (2012).

Selbstmitgefühl. Wie wir uns mit unseren Schwächen versöhnen und uns selbst der beste Freund werden. 11. Auflage. Kailash. Neff, K., Germer, Ch. (2019).

Selbstmitgefühl – das Übungsbuch: Ein bewährter Weg zu Selbstakzeptanz, innerer Stärke und Freundschaft mit sich selbst. Neuauflage. Arbor

F. Stetter und S. Kupper, „Autogenic Training: A Meta-Analysis of Clinical Outcome Studies", *Appl. Psychophysiol. Biofeedback*, Bd. 27

Tagore, Rabindranath: Sadhana. Der Weg zum wahren Leben. Hyperion 1996

Steiner, Claude: Wie man Lebenspläne verändert. Paderborn: Junfermann 2000

Gendlin, Eugene T. : Focusing. Selbsthilfe bei der Lösung persönlicher Probleme. Reinbeck: Rowohlt 2000

Buber, Martin: Ich und Du. Gütersloher Verlagshaus 1997

Carl Rogers und Ute Seeßlen: Therapeut und Klient. Grundlagen der Gesprächspsychotherapie.

Fischer Verlag 1983

Carl Rogers, Reinhard Tausch: Entwicklung der Persönlichkeit. Verlag Klett Kotta 2018

Haftungsausschluss

Die Informationen und Ratschläge, die in dem Buch "Weil nur Du zählst! Ein Buch über Positivität, Überwindung von Blockaden, Achtsamkeit & Selbstakzeptanz - Inspirierende Fragen & Geschichten, die deine wahre Essenz enthüllen" enthalten sind, dienen ausschließlich der allgemeinen Aufklärung und Unterhaltung. Der Autor und der Verlag übernehmen keine Gewähr für die Richtigkeit, Vollständigkeit oder Aktualität der Inhalte.

Die im Buch beschriebenen Geschichten, Erfahrungen und Ansichten sind persönliche Meinungen des Autors und möglicherweise nicht für jeden Leser geeignet. Die Umsetzung der im Buch vorgestellten Ratschläge und Techniken erfolgt auf eigene Verantwortung der Leserinnen und Leser.

Das Buch ersetzt keine professionelle Beratung oder therapeutische Behandlung. Wenn Sie gesundheitliche oder psychische Probleme haben, empfehlen wir Ihnen, einen qualifizierten Fachexperten zu konsultieren. Weder der Autor noch der Verlag haften für Schäden oder Verluste, die durch die Anwendung der im Buch präsentierten Ideen entstehen könnten.

Jeder Leser ist angehalten, die vorgestellten Konzepte und Übungen kritisch zu prüfen und diejenigen auszuwählen, die am besten zu seiner persönlichen Situation passen. Die Verwendung der Informationen im Buch erfolgt auf eigenes Risiko.

Der Autor und der Verlag übernehmen keine Verantwortung für externe Websites, Ressourcen oder Empfehlungen, die möglicherweise im Buch erwähnt werden.

Mit dem Kauf und der Nutzung dieses Buches stimmen Sie diesen Haftungsausschlüssen zu.

Printed in Poland
by Amazon Fulfillment
Poland Sp. z o.o., Wrocław